性犯罪
加害者家族の
ケアと人権

尊厳の回復と個人の幸福を目指して

編著 NPO法人World Open Heart理事長 阿部恭子

現代人文社

はしがき

　都内を移動する電車の中。帰宅途中と思われる女子校生たちの会話が聞こえる。

「今日朝練だったから満員電車乗らなくて、痴漢に遭わなかった」
「でも朝早く、校門近くに露出がでるらしいよ。気をつけて」
「マジ?!」
「どんだけ変態多いんだろうねー」

　盛り上がる会話。女子校に通っていた筆者もまた、当時は何気なく、同じような会話をしていたように思う。性犯罪といえば、被害者になる想像しかできず、加害者家族という存在まで思いを馳せる想像力は持っていなかった。しかし、どれだけ破廉恥な行為をした加害者にも家族はいるはずだ。そして、性犯罪者を持つ家族たちは、こうした何気ない会話に密かに心を痛めているに違いない。笑い崩れる女子校生たちの中に、精一杯笑顔を作り、心では泣いている少女の存在が一瞬目に浮かんだ。
　もし、大切に思っている父や兄弟、恋人が性犯罪で逮捕されたら……。朝のラッシュ時、すし詰め状態で発車する満員電車の中で否応なしに密着する体。故意に触れたか否か、微妙なケースも多々ある。おそらく、女性に限らず、多くの人が被害者になる可能性がある一方で、大切な人が加害者になる可能性も否定できない。

　「魂の殺人」といわれる性犯罪。いまだに加害者にその認識がなく、罪悪感を伴わずに行われている性犯罪も存在している。従来、被害者の訴えを抑圧する空気が強く、泣き寝入りせざるをえない被害

は、拭いきれない屈辱感と恐怖に長い間苦しめられてきた。近年、被害者のための相談窓口が全国で設置されるようになり、少しずつ被害者が声を上げやすい環境が整備されてきた。それでも、暴力や脅迫を用いての犯行や、抵抗できない幼い子どもたちを狙った犯行など、卑劣な手口によって人としての尊厳を傷つけられる人々が後を絶たない。

　被害者の救済が進められる一方で、加害者に対する再犯防止対策も、被害者を出さないための取り組みとして大きな課題である。加害者には、罰を与えるだけではなく、二度と同じ過ちを犯さないための治療や教育が必要である。性犯罪は、繰り返されるケースも多いことから、近年、再犯防止を目的とした更生プログラムが各矯正施設で実施されるようになった。

　被害者と加害者の間で、その存在が不可視可されがちなのが加害者家族である。さまざまな事件の中でも性犯罪の加害者家族は、世間では嘲笑の的になり、多くの困りごとを抱えながらも、社会的に最も声を上げにくい立場に置かれている。

　本書は、性犯罪加害者家族に焦点を当てた日本で初めての書籍である。性犯罪の背景には、依存症が存在するケースも多く、依存症者の治療の延長線上で、家族を対象とした自助グループ等が加害者家族の受け皿となってきた。治療や更生の支え手として、家族の存在にアプローチする手法はこれまでも見られたが、本書は加害者家族を中心に、事件や加害者にアプローチすることを目的としたものである。

　第1部では、支援の根拠となるケアと人権の理論について、理論的アプローチと実践への応用を試みる。第2部では、NPO法人World Open Heartが受理した性犯罪加害者家族の相談データを基

に、日本における性犯罪加害者家族の現状について述べるとともに、先進事例としてアメリカにおける性犯罪と加害者家族支援の現状について述べる。第3部は、加害者家族を中心とした事件の展開から、捜査段階から公判段階まで、加害者家族支援における刑事弁護人との協働のあり方と課題について検討する。第4部では、性犯罪において、加害者家族を中心とした心理的支援のあり方と情状鑑定の実施と支援への応用について検討する。

　2017年6月23日、性犯罪を厳罰化する改正刑法が公布され、同年7月13日から施行されている。改正法は、これまで女性に限られていた強姦罪の被害者に男性も含まれるようになり、法定刑の下限は3年から5年に引き上げられた。強姦罪や強制わいせつ罪などの親告罪規定が削除され、家庭内での性的虐待を念頭に、親などの「監護者」が立場を利用して18歳未満の者に性的な行為をすれば、暴行や脅迫がなくても罰する「監護者わいせつ罪」と「監護者性交等罪」が新設された。本書で紹介する論文は、すべて改正前の事例を基に執筆されたものであるが、法改正によって、今後厳罰化が一気に進むであろうことを視野に入れたうえで検討を加えている。性犯罪者に対する社会からの眼差しが厳しくなることは、加害者家族の社会的立場をさらに悪化させることにつながるであろう。このような厳罰化の流れの中で、展開されるべき性犯罪加害者家族支援とはどのような支援なのか、さまざまな人に読んでいただきたい一冊である。

　本書で紹介する事例は、個人が特定されないように、すべてフィクションとして作成されている。

2017年8月

阿部恭子（NPO法人 World Open Heart 理事長）

目次 『性犯罪加害者家族のケアと人権』

はしがき……2頁

第1部　性犯罪加害者家族支援の理論

第1章
ケアと人権——修復的正義の観点から……10頁

［宿谷晃弘］

1　はじめに
2　ケアとは何か——懸念への応答を求めて
3　ケアと人権の関係について
4　修復的正義におけるケアと人権
5　おわりに

第2章
性犯罪加害者家族へのアプローチ
——支援におけるケアと人権……31頁

［阿部恭子］

1　はじめに
2　性犯罪加害者家族とケア
3　性犯罪加害者家族と人権
4　おわりに

第2部　性犯罪加害者家族支援の現状

第1章
日本における性犯罪加害者家族の現状と支援……42頁

［阿部恭子］

1　性犯罪加害者家族の現状
2　性犯罪加害者家族の支援

第2章
アメリカにおける性犯罪と加害者家族に関する概要……55頁

[北茉莉]

1　はじめに
2　アメリカにおける加害者・受刑者家族とその研究
3　性犯罪の傾向、加害者への社会的制裁とその家族への影響
4　性的児童虐待と家族の相反する感情
5　アメリカにおける性犯罪加害者家族に向けた支援
6　おわりに

第3部　性犯罪加害者家族支援と刑事弁護

第1章
捜査段階における加害者家族支援……76頁

[鈴木絢子／阿部恭子]

1　はじめに
2　事例①——被疑者の家族との関わりから明らかとなったこと
3　母親を中心とした性犯罪加害者家族へのアプローチ
4　性犯罪事件における刑事弁護人との連携

第2章
否認事件の家族……87頁

[阿部恭子／草場裕之(監修)]

1　はじめに
2　事例②——泥酔状態で覚えていないケース
3　事例③——教え子とのトラブル
4　おわりに——否認事件の家族のケア

第3章
少年事件と家族……97頁
　　　　　　　　　　　　　　　［阿部恭子／草場裕之（監修）］

　1　はじめに
　2　事例④――地域からの排除
　3　検討
　4　おわりに――犯罪に巻き込まれた子どもたちのケア

第4章
被告人の更生と家族……103頁
　　　　　　　　　　　　　　　［阿部恭子／草場裕之（監修）］

　1　はじめに
　2　事例⑤――犯罪という認識がないケース
　3　事例⑥――性犯罪による現実逃避
　4　事例⑦――幼少期の被害体験
　5　おわりに――家族の回復と加害者の更生に向けて

第4部　性犯罪加害者家族の心理的支援

第1章
性犯罪者加害者に対する情状鑑定の実際と
加害者家族へのアプローチ……120頁
　　　　　　　　　　　　　　　　　　　　　　［相澤雅彦］

　1　臨床心理士が情状鑑定を依頼されることの意義と効果
　2　性犯罪加害者と関わることになった方へ
　3　リラプスプリベンションモデルとグッドライブスモデル
　4　事例検討
　5　性加害の再犯防止支援における課題

目次

第2章
性犯罪加害者家族への心理的支援……143頁

［駒場優子］

1　はじめに
2　性犯罪加害者の妻に対する心理的支援事例
3　性犯罪加害者の母親に対する心理的支援事例
4　心理的支援
5　おわりに

あとがき……164頁
編著者・執筆者・監修者略歴……166頁

【コラム】

海外ドラマ紹介①：『アリー my love』――男女の本音と建前……39頁

海外ドラマ紹介②：『グッド・ワイフ』――夫に裏切られた妻の苦悩……73頁

論点①：弁護人の性別――性犯罪者の羞恥心……116頁

論点②：支援の中心としての「共依存」概念……160頁

凡例

註は、註番号近くの頁に傍注として示した。

WOHとは、NPO法人 World Open Heart の略称である。

本書における事例などは、2017年改正刑法（性犯罪規定）以前の事例を基にしたものであり、改正刑法施行前の罪名で記載した。

本書に登場する事例は、執筆者が実際に関わった複数の事例を組み合わせ、個人が特定されないよう配慮した架空の事例である。

［→●●頁］は、「本書の●●頁以下を参照」を意味する。

第1部

性犯罪加害者家族支援の理論

第 1 章
ケアと人権
―― 修復的正義の観点から

宿谷晃弘（東京学芸大学准教授）

1 はじめに

　性犯罪に対して、近年社会の厳しい目が向けられている。このことが性犯罪加害者家族の直面する問題の悪化に拍車をかけていることは想像に難くない。それゆえ、性犯罪加害者家族のケア・人権保障に対する社会道徳・政治道徳上の緊急性が高まっているようにも感じられる。とりわけケア理念は、ニーズや関係性への着目等の点において従来の人権理念がアクセスしにくかった部分をフォローするものといえ、その理論的・実践的展開に期待がかかっているといえよう[2]。

　しかしながら、そもそもケアとは何であり、それは人権とどのような関係にあるのであろうか。ケア理念の有用性にもかかわらず、それが提起され、日本社会に受容される経緯を展望した場合、期待はむしろ強い懸念に転換してしまう。それは、ケア理念が人権理念を排除し、リベラリズムが切り開いてきた地平を侵食する可能性が

1　「ケア」とは何かということについてはさまざまな定義があるが、ここでは、ひとまず、自他の相互作用の中で人間存在の十全な展開のために自己の存在を傾けること、としておく。本稿の結論を先取りするならば、「ケア」とは、自他の全存在を尊重しつつ、自他やそれを取り巻く諸文脈の相互関係の中で自他がより満足がいく形で生きていくための諸条件を探りながら、暫定的に探り得た条件を満たすために社会に働きかけ、その責任を引き出しながら自他の全存在に向けて自己の存在を傾けることである。

2　人権理念に関する検討については、拙稿「我が国の憲法学における人権論の現状と加害者家族の子どもの人権に関する覚書――修復的正義の観点から」共生と修復第5号（東京学芸大学紀要、2018年1月発行予定）を参照。

あるのではないかという懸念である。つまり、一方において、もともとケア理念は、人権理念と緊張関係にある文脈から生じてきたという経緯がある。そして、他方において、日本社会にはケア理念の他者従属性の側面を強化する危険性があるのである。

　この懸念を定式化すると次のようになるであろう。つまり、ケア理念は、①たとえば、家庭において妻が夫や子どもをケアするといったような従来の不平等なケア関係を固定化し（あるいは不平等なケア関係の範囲を拡大させ）、②ケア提供者の他者従属性を増大させ、③社会構造の変革を目指すものとしての人権理念の効力を減退させるのではないかという懸念である。このような懸念が存在する状況において、性犯罪加害者家族の支援の文脈にケア理念を導入することは、問題を増大ないし複雑化させてしまうかもしれない——ケア理念と向き合うためには、このような問題意識に対して正面から応答する必要があるであろう。

　本章においては、性犯罪加害者家族のケアと人権について考察するための準備作業として、ケア理念と人権理念との関係のあるべき姿を粗描する。もっとも、ケア論も人権論も百家争鳴の状態にあり、そのすべてを踏まえたうえで議論を展開することは筆者の能力をはるかに超える。この小稿は、あくまで、ケアに関する近時の議論の一部を参照しつつ、修復的正義の観点から両者の関係性の把握を試みるものである。なお、ケアということで環境へのケアをもケア理念の中に含む立場もあるが、ここでは、議論を人間に対するケアに限定することにしたい。

　以下においては、まず、「**2　ケアとは何か**」［→12頁］においてケア理念に関する近時の議論について粗描する。次に、「**3　ケアと人間の関係について**」［→20頁］においてケア理念と人権理念との関係についてありうべきいくつかの可能性を提示していく。そして、最後に、「**4　修復的正義におけるケアと人権**」［→23頁］において修復的正義の

観点からケア理念と人権理念の概要と両者の関係性について若干考察することにしたい。

2 ケアとは何か
——懸念への応答を求めて

　ケアが社会問題として共有されるに至ったのは、何よりもまずフェミニズムの功績であると言ってよいであろう[3]。ケアを肯定的に捉えるにせよ、否定的に捉えるにせよ、それが社会の考えるべき問題とみなされるに至るには、公私二分論批判等を伴う強烈な問題提起が必要だった。もっとも、ケア理念に対して、フェミニストの多くは賛成というわけでもない。その理由は、既述のように、ケア理念が一定の危うさを有するからである。

　ケア理念は、周知のとおり、キャロル・ギリガン（Carol Gilligan）やネル・ノディングス（Nel Noddings）らによって提唱された[4]。それは、従来、ケア労働を担うのが「二級市民」としての女性の当然の義務であるという暗黙の前提のもとで不可視化されていたケアの問題を可視化させたのである。だが、当初の議論は、男性の論理に対するケア（女性）の論理という図式に従って展開された。それゆえ、多くのフェミニストは、それがむしろ性別役割分業を固定化する危険性を有するのではないかという懸念を抱いてきた[5]。しかしながら、近年においては、「ケアの論理＝女性の倫理」といった本質主義的な図式を否定するケア理論が登場してきている。すなわち、エヴァ・フェダー・キティ（Eva Feder Kitty）、マーサ・ファインマン（Martha

---

3　上野千鶴子『ケアの社会学——当事者主権の福祉社会へ』（太田出版、2011年）35〜36頁参照。
4　*See* Daniel Engster, *The Heart of Justice*：*care ethics and political theory*（2007）p2.
5　*Id.*, p13.

Fineman)、ジョアン・トロント (Joan Tronto) などの論者によって重要な貢献がなされているのである。

　本節においては、ケアをめぐる近時の言説をいくつか取り上げていく。以下においては、まずリベラリズムが前提とする自律性概念に疑問を突きつけるファインマンの議論を、次に同じくリベラリズムが前提とする互恵性概念の再検討を提唱するキティの議論を、そしてフェミニストと問題意識を共有しつつも異なる立場からケア理念を追求するダニエル・エングスター (Daniel Engster) の議論を概観していく。

(1)　脆弱性をめぐる考察——ファインマンの議論について

　リベラリズムが自律的な個人を想定するのに対して、ファインマンはそのような議論がいかに不平等を隠蔽しているかを鋭く指摘する。つまり、ファインマンは、アメリカ社会では「社会の中でもっとも恵まれない人々に中身のある保障をすることが平等だという考え方は、狭い意味の自律観のために犠牲にされ続けてきた」[6]とする。ファインマンによれば、アメリカ社会は自分でなんとかやっていくことを強調し、恵まれない境遇というのは自己責任であるとされるのである。これに対して、ファインマンは、「自律は人が社会の恩典も負担も共有できる立場にいるときのみ可能」であり、「しかも、その立場へ行き着くことができるのは、人が自らの生きる社会のなかで課せられる仕事や期待に沿った行動ができるための基本的資源を手にしているときのみ」であって、「私たちは、基本的ニーズへの対応は集団の責任であると理解し、自律という目標をささえていか

---

[6] Martha Albertson Fineman, *The Autonomy Myth : A Theory of Dependency* (2004) p8（訳出に際しては、マーサ・A・ファインマン〔穐田信子・速水葉子訳〕『ケアの絆——自律神話を超えて』〔岩波書店、2009年〕6頁を参照した）.

ねばならない」と主張する[7]。ファインマンは、「実質的平等とは、個人が最低限度の暮らしはできるような下支えが国によってつくられていることで」あり、その理由は、「人らしくあるためには、一定の資源や尊厳が必要だから」という点にあるとするのである[8]。

　ファインマンは、上記のように自律概念を批判したうえで依存の不可避性を議論の中心に据える。ファインマンは人間にとって依存が不可避であることを指摘したうえで社会全体がケアの責任を担うことを主張するのである。つまり、ファインマンによれば、「ケアに対する債務が必然的に社会全体のものだという私の主張は、生物学的な依存が人類の条件として普遍的で避けられないのであり、それゆえ、必然的に集団的・社会的関心事にもなるという事実に基づいている」のであり、国家や集合的社会による「依存への対応は、利他主義や共感の問題ではなく」、「本来社会を維持するための行為であり、根本的で不可欠なものと言える」とされる[9]。ファインマンによれば、むしろ、ケア労働こそが「社会を生産・再生産する」[10]ものとされるのである。

　しかしながら、このケア労働の重要性は、社会によって正当に評価されていない。それどころか、ファインマンによれば、「制度がいじめてはばからないのは、ケアの仕事そのものである」[11]とされる。ケア労働は、フェミニストの長年に渡る運動にもかかわらず、相変わらずその多くが女性によって担われている。だからといって男性をどうにか変えようとするだけでは問題の解決には至らない。なぜなら、たとえば、「父親が育児休暇を申請した際、自分のキャリアに献身的でないと見られた」[12]というケースが示しているように、担

7　*Id.*,pp29-30（同上、24頁参照）.
8　*Id.*,p10（同上、7頁参照）.
9　*Id.*,pp47-8（同上、42頁参照）.
10　*Id.*,p48（同上、43頁参照）.
11　*Id.*,p47（同上、41頁参照）.
12　*Id.*,p172（同上、164頁参照）.

い手が誰であれ、ケア労働そのものが不当に貶められているからである。

　そもそも依存ということでケアされる者のそれを考えるだけでは十分ではない。ファインマンは、ケアする者の依存（二次的依存）をも指摘する[13]。つまり、ケアする者は、ケア労働の負担ゆえに経済活動に十分に従事できず、そのために経済的損失を被ったり、仮に従事できている場合にもケア労働がもたらす心理的・身体的負担にあえぎながら市場と家族との間でどちらを優先するのかなどの選択を絶えず迫られるという事態に直面する。しかしながら、社会は、ケアされる者の依存がもたらす負担と二次的依存がもたらすそれとの両方をもっぱら家族に押し付けて、みずからはそれらを無視したままである。その状況をファインマンは次のようにまとめている。つまり、「我々の社会におけるいまの理解において、避けられない依存は、その副産物である二次的な依存と同様、私的な事柄とみなされる。避けられない依存に対して責任を負うのは、国家でも市場でもなく、家族であるとみなされている。この点において、家族という制度は、市場をして、依存という事実に対してとくに配慮したり、対応したりすることなしに自由に稼働させている。そして国家は、家族が万一失敗した場合に最低限の援助をしぶしぶ与えるだけの怠慢な制度とみなされている。個々の家族は自力でそのメンバーの依存に対して責任を担うのが理想であるとされ、そこで社会的資源をあてにするのは失敗であり、非難され、スティグマを賦与されるに値するとみなされる。実際、自分の家族を充分養えない家族は私的領域から公的領域に移され得るのであり、公的領域においてその家族は規制され、しつけられるかもしれない」[14]と。

　このように不平等は構造化されている。それは個人がどうこうで

---

13 See Id.,pp34-7（同上、28〜31頁参照）.
14 Id.,pp36-7（同上、30頁参照）.

きる問題ではない。そこで、ファインマンは、社会、とりわけ国家がこの問題に積極的に関与すべきことを主張する。ファインマンによれば、「平等と包摂という理想を組み入れつつ、正義の諸規範を打ち建てた社会なら」[15]、構造的不平等と積極的に向き合うべきだとされるのである。

(2) 互恵性概念の再検討——キティの議論について

　キティもまた、ファインマンと同様にリベラリズムの自律・自立概念を批判する。キティによれば、「私たちはみんな一定期間、依存状態に」あり、「しかも、多くの人が（たいていは女性だが）依存者の世話をしなくてはならない」のであるから、「私たちはみんな（少なくとも理想的には）自由で平等な市民として生きているという考えは、現実の経験に反しているだけでなく、概念的にも私たちみんなを包摂するには不十分である」とされる[16]。リベラリズムの平等概念は、自律・自立を前提とすることによってその概念に包摂されない多くの人々を排除してしまうのである。

　もっとも、キティの目には、リベラリズムだけでなく従来のフェミニズムの議論・戦略もまた不十分なものに映る。キティは、平等派フェミニズムはリベラリズムの誤りを繰り返しているし、差異批判も支配批判も「女性とは○○なものである」という本質主義に囚われてしまっているとする[17]。

　これらの議論に対してキティが提示するのは、人間社会にとって依存が最も根源的な事実であり、社会が存続していくために依存者

---

15 *Id.*,p226（同上、218頁参照）.
16 Eva Feder Kittay, *Love's Labor : Essays on Women, Equality, and Dependency*（1999）p4（訳出に際しては、エヴァ・フェダー・キテイ〔岡野八代・牟田和恵監訳〕『愛の労働あるいは依存とケアの正義論』〔白澤社、2010年〕34頁を参照した）.
17 *See Id.*,pp5-12（同上、36～48頁参照）.

のケアが誰かによってなされなければならないということを中核に据える依存批判である[18]。それは、「男性の側に女性を包摂する」のではなく、「女性の側の労働を再分配することを目指す戦略を追求」するものである[19]。キティは、自分の母親の「私にだって、お母さんはいるんだけどね」という言葉と、重度の障がいを持つ自分の子どものケアの体験を掘り下げることによってドゥーリアの原理にたどり着く。

　ケアが必要なのは依存者だけではない。依存者をケアする者もまたケアを必要とする。そこをおろそかにすると、結局ケア自体の質を損なうだけでなく（最悪の場合、虐待などを引き起こす）、ケアされた者の自尊感情を損なう可能性もある。つまり、キティによれば、「他者の犠牲の上に保障されるケアのおかげで、比較的安全で不安のない成人にまで成長する限り——それは決して十分に見合った返礼のできない犠牲だ——、私たちはそれを恥とし、それによって自分自身の自尊心を傷つけてしまう」のであり、「そうした犠牲の上にのみケアが手に入れられる社会に生きている限り、私たちは〈中略〉その自尊感情を損なわれている」とされる[20]。キティは、このような状態を変革するために、「私たちが人として生きるためにケアを必要とするのと同様に、私たちは（ケアの仕事をする人々を含む）、他の人々が生き延び、かつ栄えていくために必要なケアを受け取れるような条件を提供する必要がある」というドゥーリアの原理を提唱するのである[21]。

　キティは、自律・自立的な人間同士の相互作用としての互恵性ではなく、互恵性概念を拡大すべきことを主張する。つまり、キティによれば、「社会は世代を超えて存続していく協働体なので、世代

---

18 *See Id.*,pp13-7（同上、50〜56頁参照）.
19 *Id.*,p15（同上、53頁参照）.
20 *Id.*,p103（同上、237頁参照）.
21 *Id.*,p107（同上、244頁参照）.

間の正義のために『互恵性』を拡大して考えること（他者への依存はその意志があるならば世代を超えてなされていく）が必要とされる」のであり、「前の世代からの利益と貯蓄が私たちから次の世代へと譲られていくのと同様に、母親が子どもに与えるケアは、成人した子どもが両親にお返しするだけでなく、未来の世代にも受け継がれる互恵性を要求する」とされる。[22]

　キティは、上記のように互恵性概念を拡大したうえで、ドゥーリアの原理を公的な領域へと拡大した公的なドゥーリアの構想を提示する。つまり、それは、「ケアを与える者は、依存者のケアに責任を負」い、「社会は、ケアを与える者の福祉に注意を払う方法を探す」ことによって「ケアを与える者の労働と気づかいが搾取されることなく、ケアを与える者が依存者への責任を果たすことが可能になる」ようにするという構想である。[23]　これは、ただ単に依存者のケアを確実にすること、およびケア提供者を公正に扱うことだけを目指すのではない。ファインマンも指摘しているように、問題は構造的なものであり、それへの対処は制度的になされる必要があるのである。それは個々人ではいかんともしがたい。公的なドゥーリアの構想は、「ケアの責任を負う依存労働者に援助と支援を与えるような社会制度を確実なものにする原理」に基づくものであり、その原理は社会に対して責任を認め、「ケアする態度とケアへの尊敬を育むような社会制度」を構築することを命じるのである。[24]

(3)　ケアの合理的理論を目指して──エングスターの議論について

　フェミニストのケア理論が女性の平等を目指し、ケアの合理的正当化論を拒むのに対して、エングスターはすべての個人の平等を目

---

22 *Id.*（同上、244〜245頁参照）．
23 *Id.*, pp107-8（同上、245頁参照）．
24 *Id.*, p108-9（同上、247頁参照）．

指し、ケアを合理的に正当化しようとする。[25]もっとも、フェミニストもそのすべてが合理的正当化の議論を拒絶するわけではなく、エングスターによればファインマンやキティもそのような論者であるとされる。[26]

　ファインマンやキティと同様、エングスターもまたケアの義務の究極的根拠を人間の有する他者に対する依存性に求める。[27]もっとも、エングスターは、ファインマンやキティの議論はいまだ不十分であるとする。[28]注目すべきは、エングスターは、ケアの一般理論を構築しつつ、ケアの対象の優先順位を明らかにしていることである。それによれば、第一に自己に対するケアが、第二に家族や友人などの親密な関係にある者へのケアが、第三にコミュニティのメンバーなどに対するケアが、そして第四におよそケアを必要としている他者に対するケアがくるとされる。[29]ここから推察できるように、エングスターは他者のために自己を犠牲にすることを否定する。つまり、エングスターは、「特定の他者に対する我々の特別な義務によって、我々自身の健康、安全、あるいは機能を犠牲にするように強いられるべきではない」と主張するのである。[30]

(4)　小括

　結論を先に述べるのであれば、少なくとも近時の議論を参照する限り、ケア理念に関する懸念に対して、一定の応答が得られるように思われる。つまり、①従来の不平等なケア関係を固定化する（あるいは不平等なケア関係の範囲を拡大させる）という懸念に対しては、ケア

---

25 Engster, note3, p39.
26 Id.
27 Id., p40.
28 Id., p44.
29 Id., pp55-8.
30 Id., p59.

理念はむしろ不可避的な脆弱性へのケアを中心に社会構造に組み込まれた不平等性の解消を目指すものであるということがいえ、②ケア提供者の他者従属性を増大させるという懸念に対しては、ケア理念はむしろケア提供者の他者従属性を解消することを社会の責任であるとするものであるということがいえ、③社会構造の変革を目指すものとしての人権理念の効力を減退させるのではないかという懸念に対しては、ケア理念もまた自由平等の実現のために社会変革を目指すものであり、人権理念と目的を共有しているのであって、少なくとも人権理念を排除しようとするものではないということがいえるように思われるのである。

　このように懸念への一定の応答がなされうることが明らかになったとしても、なおさまざまな問題が残っていることは事実である。それらの諸問題のうち、さしあたりこの小稿において取り扱うべきものを挙げるならば、①排除関係になかったとしても、依然としてケア理念と人権理念の関係の輪郭が掴めたわけではないこと、②現状を変革せんとする理論が実務において「骨抜き」になった場合、ケア理念の問題点に誰がどのように対応すべきかはっきりしないこと等があるであろう。もっとも、②の問題についてはいかなる理念といえどもこれを免れることはできないであろう。ただ、ここでは①の問題を掘り下げる過程においてあわせて若干の検討を試みることにしたい。

3　ケアと人権の関係について

　ケアと人権とが排斥し合うものではないとしても、両者はどのような関係にあるであろうか。論理的には、ひとまず次の3通りが考

えられるであろう。

① ケアと人権とは重なり合う、ないし一方が他方を包含する関係にあるとする立場
② ケアと人権は別の原理であるとする立場
③ ケアと人権は部分的に重なり合うとする立場

の3通りである。このうち、①の立場は、

①－1　ケアこそが人権の根底を形成しているとする立場
①－2　人権がケアの根底を支えているとする立場
①－3　ケアと人権は、第三の原理の異なる側面を表すものであるとする立場

を含むであろう。また、②の立場は、

②－1　ケアと人権は相互に抑制し合うとする立場
②－2　両者は協働するとする立場
②－3　両者はまったく交わらないとする立場

を含むであろう。以下、(I)ケアする権利、(II)ケアを受ける権利、(III)ケアすることを強要されない権利、および、(VI)ケアを受けることを強要されない権利の4つの権利[31]との関係も含めて、順次検討していく。

まず、①－1の立場は、人間存在の存続を基本とするものであり、人権においてケアする権利(I)・ケアを受ける権利(II)などを中核とす

31　上野・前掲註3書参照。

る立場につながっていくように思われる[32]。もちろん、ただ単に生存しているというだけがケアの目指すところではないだろう。それゆえ、この立場が掲げる人権の内容もまた、単なる生物学的な生存を主とするものではない。この立場はまた、「最低限度の生活」で満足するものではないだろう。それは、万人がよりよき生を生きることの保障を目指すものであろう。この立場は、権利の実現において強制的・闘争的なアプローチをとることを極力回避するものと推察できるように思われる。

次に、①－2の立場は、権利の側面を強く打ち出すものであり、ケアする権利(I)・ケアを受ける権利(II)だけでなく、とりわけ、ケアすることを強要されない権利(III)・ケアを受けることを強要されない権利(IV)をも強調するものとなろう。なぜなら、一般的にみてケアを強調する立場が（とりわけ国家による）介入の側面を強く支持するのに対して、人権を強調する立場は消極的自由の側面をも尊重する傾向があるからである。このことに関連して、一般的にみてケアを強調する立場よりも人権を強調する立場の方が物事の権力的側面に対してより敏感であるように見受けられる。もっとも、その分、人権理念の方が闘争的要素を強く打ち出すことになるかもしれない。

次に①－3の立場は、第三の原理として何を持ってくるかに左右されるであろう。たとえば、アガペーを持ってきた場合、ケアの要素は強化されるだろうが、権利の要素はおのずと制約を受けることになるかもしれない。あるいは、最大多数の最大幸福を持ってきた場合、ケアの要素も人権の要素も、功利的な計算に服することになろう。

次に、②－1の立場においては、ケア理念は責任概念を拡大し、人権理念はそれを制限するであろう。つまり、ニーズ・愛・ケアの

---

32 キティの立場は、必ずしもはっきりしないが、この立場に属するもの、ないしこの立場に極めて近いものと位置付けられうるかもしれない。See Eva Feder Kittay, "When Caring is just and Justice is Caring : Justice and Mental Retardation," in p273.

原理は権利の原理と決定的に異なるとしたうえで、それにもかかわらず人間の尊重を促進する点において両者は完全に対立する関係にはなく、ただし、お互いの行き過ぎを抑えるために相互に抑制し合うとするのである。これは、ケア理論においては従来型の議論を採用し、人権論においては消極的自由に特化した議論を採用した場合に可能になる立場であるように思われる。

次に、②-2の立場は、相互抑制から一歩進んで、互いの足りない部分を補い合う関係にあるとするものである。ここまでくると、ケア理念と人権理念を統括する第三の理念を設定した方が自然であるようにも思われる。

次に、②-3の立場は、ケアと人権は別次元において作動する原理であるとすることによって可能となるであろう。つまり、たとえば、ケアを私的領域に限定し、人権は公的領域に関わる原理であって私人間の問題には適用されないと考えた場合のみ、可能となるように思われる。もっとも、このように考えた場合、近時のケア理論が重視している公的ケアの主張は完全に否定されることになってしまうであろう。

そして、③の立場は、ケアを基底とするか、人権を基底とするか、あるいは第三の原理を基底とするかによって左右されるであろう。

それでは、これらの諸説のうち、どれを選択することが妥当なのであろうか。

4 修復的正義におけるケアと人権

一見すると修復的正義〔紛争や構造的な歪みによって生じるハーム〔生身の人間が抱える個別具体的な損害。法益侵害等の規範的概念と対比される〕や

ニーズを、対話などを通じて修復ないし充足することを目指す平和の理論・実践のこと)の理論・実践は、人権理念よりもケア理念に親近的であるように見えるかもしれない。修復的正義における関係性、ニーズ、ハームなどの概念はこのことを裏付けるもののようにも見える。もっとも、事はそれほど単純ではない。以下においては、まず修復的正義の中核的原理、とりわけ平和について簡単に見たうえで修復的正義におけるケアと人権の位置づけを探っていくことにしたい。

(1) 不正義の感覚と平和——修復的正義の中核的原理について

修復的正義の中核的原理の一つに平和がある。刑事司法・少年司法におけるメノナイト(プロテスタントの一派。絶対平和主義を掲げ、犯罪解決や平和構築などの実践家・理論家を輩出している)の実践においても、目指されるのは「神の平和」の恢復である。しかしながら、キリスト者でない人間は、「恢復」されるべき平和ということをどのように捉えるべきであろうか。あるいは、非キリスト教的社会▼[33]においてキリスト者は、聖書以外にどのような論理に基づいて修復的正義の実践を展開するのが、より説得的なのであろうか。

キリスト者であろうとなかろうと、修復的正義の実践と理論の中に「人間の尊厳の尊重」を看取することができよう。被害者も加害者も1人の人間として尊重され、対話の中でそれぞれの声が皆に傾聴されることを通じて問題の検討がなされ未来志向的な解決が図られる——それは、キリスト者の文脈においてはあるべき神の平和の恢復かもしれないが、非キリスト者の文脈においては人間の尊厳の実現のための現状の変革にほかならない。この変革の文脈において、中心となって作動すべきはアガペーではなく他の原理でなくてはな

---

33 もっとも、日本社会の伝統の中に、キリスト者の実践と思想が刻み込まれている例がないわけではない。とりわけ、刑事司法・少年司法や福祉の領域においてはそうである。

らないであろう。そこで、ここでは、ジュディス・シュクラー（Judith N. Shklar）の議論を参照しつつ、不正義の感覚や残酷さの回避といった、いわば消極的な方面から「人間の尊厳の尊重」と平和の理念への接近を試みることにしたい。[34]

　シュクラーは、不正義の圧倒的な実在を指摘する。シュクラーによれば、個々人や社会における不正義は圧倒的な力を誇るものであり、さまざまな正義の試みも結局は不正義の中に回収されてしまうとされる。それにもかかわらず、さまざまな正義論は不正義を軽視ないし無視している。これに対して、シュクラーは、不正義の感覚を重視すべきことを主張する。不正義の感覚とは、明確に正義に反するとはいえないけれども、何かがおかしいのではないか、我々は不当に扱われているのではないかという感覚のことを指す。もっとも、不正義の感覚への着目はよい結果をもたらすとは限らない。シュクラーによれば、不正義の感覚は人間や社会に対する不信感・嫌悪感を増大させるかもしれないし、あるいはスケープゴートを求める気分を高めるかもしれないとされる。しかし、ここで我々が復讐や暴力に走るのだとしたら、それは出発点をぶち壊してしまうことになる。そもそもなぜ、不正義の感覚へ着目しなければならなかったか——それは日常生活の隅々にまで根を張る不正義を目の当たりにしての要請であった。そして、不正義への注目から次のような教訓が得られる。それは、人間は暴力によって容易に傷つきうると同時に、容易に残酷になりうるものだということである。いかなる人間も、この両方の可能性から逃れることはできない。それゆえ、このことに対する恐怖が、我々に不正義の手前でかろうじてでも立ち止まることを要請するのである。そして、この傷つきやすく、かつ傷つけやすいという意味での脆弱性を見つめ、それをどうしようもな

---

34 以下の議論に関して、拙稿「修復的正義の思想的探求のための覚書——日本における理論的先駆者の作業を手掛かりとしつつ」（東京学芸大学紀要.人文社会科学系.II67、2016年）113〜134頁および拙稿・前掲註2論文参照。

く存在するものとして肯定したところで、儚いものとしての人間存在の大切さに目がいくことになる。ここに人間の尊厳の尊重への道が開かれ、脆弱な人間の共生可能性としての平和の実現のための変革が目指されることになるのである。

(2) 修復的正義におけるケアと人権

修復的正義の平和原理を前提とした場合、ケアと人権はどのように位置づけられることになるであろうか。

＜修復的正義における人権理念＞

脆弱性や共生可能性といっても、修復的正義のいう平和は、ただ単に人々が潰しあわないために辛抱するということを意味しない。そもそも辛抱しているだけの状態がいつまでももつわけではないだろう。また、仮にもったとしても、そのような状態は不正義であるといってよい。ここで人権理念の働きが必要となってくる。それは、平和を実現するためのツールの一つなのである。これはどういうことであろうか。[35]

修復的正義は、互いに尊重し合い、対話を通じてそれぞれの言い分を明らかにして、摺り合せを行い、共生のための条件を見つけ出していくことを目指すものである。そして、このことを可能にするのが人権というツールである。人権は、不正義の感覚を起爆剤として批判的な観点に基づく議論や運動等による社会への訴えかけを通じて社会において共有されていく。人権理念は、まず広く社会に訴えかけて、問題が問題として共有される下地を作るのである。人権理念はまた、人間相互の尊重の実現条件を明示し、発話と傾聴のルー

---

[35] 以下の議論、とりわけ憲法上の権利との関係に関する議論について、拙稿・前掲註２論文も参照。

ルを提示して、争いが起こった場合の争点の明示化を可能にしてくれる。それは、人間の尊厳の尊重のために、(とりわけ権力をもつ主体が)何をしてはならないか、何をすべきかを明確化してくれるのである。ここで、人権とは、不正義の感覚を起爆剤として、相互に傾聴・尊重されるべきものとして、人々の関係性において道徳的重みをもって言語化・発信され、社会において意識化・共有される人間相互の利益のことであるといえるかもしれない。ただし、人権理念は不正義の感覚に由来する闘争的性質を色濃く持っている。もちろん、人権理念の闘争的性質は一概に否定されるべきものではない。むしろ社会へのアピールの力、構造的問題を可視化するために必要不可欠な力として肯定されなければならない。しかし、人権理念の闘争性が破壊的方向におもむく危険性があることも否定できず、これを抑制する必要がある。ここでケア理念の働きが必要とされるのである。

〈修復的正義におけるケア理念〉

　人権理念が不正義の感覚を起爆剤とするならば、ケア理念はニーズを基底とするものと整理できるかもしれない。もっとも、あるニーズが社会によって不当に放置されている場合、▼36 その充足を求める声は不正義の感覚に突き動かされることになるであろう。あるいはキティも例に挙げているように、▼37 ケアを受ける者とケア提供者の間に不平等が存在している場合に、前者のニーズを後者が満たそうとすることは後者の人権を著しく損ねるかもしれない。そのような場合は、ケア理念よりも人権理念の出動が要請されるであろう。

　上記の場合はともかくとして、ケア理念は人間の尊厳の原理に基

---

36 学ぶ意思があるにもかかわらず家庭の事情により学習を継続できないといった場合や、一家の大黒柱を何らかの理由によりある日突然失い、家賃を払うどころか、その日の食べ物も満足に手に入らないといった場合に、社会から何らの支援の手も差し伸べられないといった例が挙げられよう。
37 See Kittay, note 26, p273.

づき、ある特定の文脈・関係性の中に生れ、成長・発達していく人間のニーズに応答することを目指すものである。一方においてそれは、人々をケアして平和をもたらすものである。他方においてそれは、不可避的な脆弱性に対する痛み（ときに恐怖）や憐みへの応答でもある。それゆえ、不正義の感覚に突き動かされている人権理念が闘争的性質をもつのに対して、脆弱性への痛み・憐みなどによって突き動かされているケア理念もまた、ある種の危険性を抱えている。それは、パターナリズムや過干渉の危険性である。

　ケア理念もまた、人間の尊厳の尊重から出発しているはずなのに、むしろそれを踏みにじるような方向に傾くことがありうる。このこと自体が人間の脆弱性（傷つけやすいという意味での）を示しているといえよう。この危険性に対して、人権理念が抑制を図ることになる。たとえば、非行少年のケアにおいて「愛情を注げば何をやってもよい」などと考えて体罰を行ったり、細かいことまで一々干渉するとしたら、それは少年の人権を侵害するものといえよう。このような場合、人権理念がケア理念を抑制することになるのである。

＜修復的正義におけるケアと人権＞
　「**4 修復的正義におけるケアと人権**」［→23頁］の作業から明らかなように、修復的正義の観点からは、ケア理念と人権理念は、平和を支える人間の尊厳原理の異なる側面であると位置づけてよいように思われる。それは、「**3 ケアと人間の関係について**」［→20頁］の作業において列挙された諸説のうち、①－3に属するものであろう。この立場を基本とした場合、他の説に対してどのような評価を下すことになろうか。

　まず、①－1および①－2の立場のように、どちらかの原理が基底的であるとするのは妥当ではないであろう。ケア理論の推移からも明らかなように、論争として当初は両原理の根本的な相違が強調

されていたが、現在は共通性や相補性を指摘する傾向にあるように思われる。これは、議論の論争性ではなく、有用性を考慮するのであれば当然の帰結であるといえよう。ケア理念にも人権理念にも長所・短所の両方があるのであり、どちらかを強調するよりも補い合った場合に実践・理論においてどのような成果が得られるかを見ていく方が有益である。もちろん、両原理が完全に一致するというわけではないであろう。しかし、それは第三の原理の異なる表れ方であるとみるのが両者の共通性や相補性を説明するのにより適しているように思われるのである。

　次に、②の立場のように、ケア理念と人権理念がまったくの別原理とすることは妥当ではないであろう。両原理をまったくの別物とした場合、両原理は対立するとした方が議論として収まりがよいように思われる。そうではなくて、②－1や②－2のように相互抑制ないしは相補の関係にあるとするならば、なぜそうなるのかの説明がなされなければならない。その場合、両原理の背景にあって、しかも両原理とはまったく切り離された第三の原理の存在を想定しなければならないであろう。しかし、そのような第三の原理を見出すことが可能かどうか、可能であるとしてどの程度有用なものなのかは未知数であるといえよう。②の立場の問題点としては、もう一つ、すでに見たように、それが従来の議論を前提としたものであることを指摘できよう。そうであるとすれば、②の立場は、本質主義の問題点を抱えることになるようにも思われる。そして、その傾向は、とりわけ②－3の立場において著しくなるであろう。

　そして、③の立場については、形式論理的には成り立ちうるとしても理論としてもいたずらに複雑化するものであり、あまり意味をなさないもののように思われる。

　以上の検討からも、修復的正義の観点からの整理が妥当である

ことが裏付けられるように思われる。

5 おわりに

　本章においては、ケア理念に関する懸念に対する理論的応答をなしつつ、修復的正義の観点からケア理念と人権理念の概要およびそれらの間のあるべき関係性について考察を試みた。本章の検討はいずれも試みの域をでるものではない。より精緻な検討は後日の課題とすることとし、ひとまず筆をおくことにしたい。

　　　　　　　　　　　　　　　　　　（しゅくや・あきひろ）

第2章
性犯罪加害者家族へのアプローチ──支援におけるケアと人権

阿部恭子（NPO法人World Open Heart理事長）

1　はじめに

　本章では、性犯罪加害者家族支援の実践において、ケア理念と人権理念がどのような場面において意義を持つことになるのかを検討する。

　性犯罪加害者家族は、羞恥心を伴う問題を抱えるがゆえに、加害者家族の中でも社会的に最も声を上げにくい立場に置かれている。性犯罪加害者家族支援は、長年、社会の中で見過ごされてきた問題であり、前章の「**ケアと人権──修復的正義の観点から**」（以下、宿谷論文）［→10〜30頁］が指摘する「不正義の感覚を起爆剤とした」人権理念［→26頁］を根拠として始まる。支援は、性犯罪加害者家族の権利が保障され、社会において問題の共有がなされることを目的とするが、目的を実現するための手段としてケア理念が有用となる。

　以下、論点を整理してみたい。

2　性犯罪加害者家族とケア

(1)　権利行使実現の手段としてのケア

　性犯罪加害者家族支援が当事者のニーズに沿った形で実現されるためには、性犯罪加害者家族がどのような問題に直面し、どのような支援が必要なのかといったニーズを把握する必要がある。
　多くの性犯罪加害者家族は社会的差別に晒される危険性を有している。社会において、みずから声を上げていくことが困難な状況にあることから、当事者の声を拾い上げ、社会に支援の必要性を訴えていく第三者または組織の存在が有用である。

(2)　権利行使実現のプロセスにおけるケア

　性犯罪加害者家族は、事件後さまざまな困難に直面することが予想され、支援を要する状況に陥るが、それでも、家族が性犯罪で逮捕された事実を他者に語ることには勇気が必要である。相談者は、支援者との精神的な距離が縮まるにつれて、徐々に心を開き情報を開示していくケースが多く、支援者は無理に情報を引き出すことなく、「話したいことだけ話してよい」「どんなことでも否定せず受け止める」という姿勢で相談者のペースに委ねることが重要である。
　捜査の過程から、いろいろな場面で傷つけられてきた加害者家族は、社会不信に陥っている傾向があり、専門家の紹介などに関して丁寧なアプローチが必要となる。支援者と日常的に関わるうえで、ケアの視点は不可欠であり、相談者の主体性を第一に支援を進めることは、自己決定権の尊重という人権理念の実現でもある。

(3) 個人の尊重の実現としてのケア

　欧米諸国の加害者家族支援団体の中には、死刑廃止などのスローガンを掲げたアドボカシー（政策提言）活動を中心とした団体が多数存在している。アドボカシー活動は、参加者が権利獲得という同じ目的のために活動するが、こうした集団の中で、個人の対立が生じ、分裂や排除される者が生まれるという事態は、マイノリティの権利獲得の過程において、しばしば起こりうる。性犯罪加害者家族もまた、社会の中で権利を主張していかなければならないマイノリティであるといえる。

　宿谷論文は、「人権理念の闘争性が破壊的方向に赴く危険性」について指摘し、これを抑制するために、ケア理念の重要性を主張する［→27頁］。WOHにおけるケア理念に基づく支援としては、性犯罪加害者家族を集団としてみなすことなく、それぞれ個人を「クライアント」として、個人の目的に沿った支援を提供することである。性犯罪加害者家族は、1人ひとり罪名も違えば、加害者との関係性も異なることから、個人の目指す回復や幸福の意味も異なるはずである。こうした実状を踏まえて、性犯罪加害者家族支援は、個人それぞれのニーズを拾い上げることがケア理念の実践となろう。

　さらに、今後、加害者家族支援を標榜する団体が増えていくなかで、被害者支援に対する優位性を主張したり、犯罪者を社会から排除しようといった、加害者家族至上主義の集団が現れる可能性も否定できない。加害者家族の権利は、被疑者・被告人・受刑者といった加害者の権利や被害者の権利の間で不可視化され、抑圧されてきた。ケア理念の立場から、そうした加害者家族のルサンチマンに焦点を当て、心の傷と自尊心の回復を促すことは、集団の攻撃性や排他性の緩和につながると思われる。

(4) ケアが有する支配性

　Careは、「面倒を見る」とも訳すことができるが、加害者の面倒を見る行為が行き過ぎた状況が加害者家族の「共依存」である。端的に言えば、依存させることによる支配であり、依存症を背景とする性犯罪の加害者家族にしばしば見られる病理である［→160頁］。「家族の責任として面倒を見る」という主張は、家制度や加害者の更生のための社会資源を欠いている日本社会において、常識と考えられ正当化されやすい。また、「愛」という概念で正当化されることもしばしば起きている。

　支援者は、ケアの持つ支配性を十分認識していなければ、再犯を助長したり、個人の尊厳を脅かす事態を招きうる。こうしたケアの暴走を抑止するために、人権理念に基づく介入が必要となる。

3　性犯罪加害者家族と人権

(1)　プライバシー権

＜捜査や裁判への協力に関して＞

　同居人など加害者と関係が近い家族は、家族も捜査の対象として、家族のプライバシー領域にまで捜査機関に踏み込まれる可能性がある。

　性犯罪加害者家族は、捜査機関から参考人として事情聴取を受けた際に、夫婦生活の詳細について質問をされるなど、不快な思いや傷ついたという経験を有する人々が少なくない。このような経験は、性犯罪被害者が受ける「セカンド・レイプ」の状況に類似する。性犯罪では、女性の参考人に対しては、女性の捜査官が対応するような

システムに変えていくべきである[1]。

　公判段階で、弁護人は、家族に情状証人として証言を求めるケースが多いと思われるが、羞恥心を伴う証言にもかかわらず、情状証人へのプライバシーの配慮は欠けているといわざるをえない［→50頁］。昨今、性犯罪者に対する世間の憎悪は激化していることに加えて、事件は好奇の目に晒され、性犯罪事件はその他の事件に比較して傍聴人の数が多い傾向にある。こうした状況で、加害者家族が法廷で証言することにはかなりの精神的負担を要することから、遮蔽措置が検討されるなど、証人のプライバシーに十分配慮するべきである[2]。

＜加害者の更生への協力に関して＞

　加害者家族が支援を受けるか否か、また、どのような支援を受けるのか、その選択は加害者家族の意志に委ねられており、強制することはできない。加害者家族支援の過程における行政機関と連携した支援の仕組みが検討されるにあたって注意しなければならないことは、支援を受ける加害者家族の自己決定権が保障されることである。これまで加害者家族は、警察や保護観察所といった行政機関による家族としての監督責任の追及や安易な励ましに傷つけられてきた側面を有する。行政との連携により、加害者家族支援がより多くの人に行きわたるようになることは望ましい流れではある。しかし、加害者家族が望んでいない指導や教育を、支援という名目で行うならば、加害者家族の利益に反することになろう。また、加害者を更生させることを主たる目的で行う専門家や機関が加害者家族支援を担う場合、加害者家族に更生の役割を強制する結果を招きかねない。こうしたパターナリズムは、宿谷論文が指摘するところのケアの暴

---

[1] 阿部恭子編著・草場裕之監修『加害者家族支援の理論と実践——家族の回復と加害者の更生に向けて』(現代人文社、2015年) 78頁参照。
[2] 前掲註1書108頁参照。

走であり［→27頁］、人権理念によって抑制されなければならない。

(2) 加害者の権利と加害者家族の権利

　弁護人は、被疑者・被告人の利益のために、示談への経済的援助や保釈にあたっての身元引受人など、当然のように家族に協力を依頼する。加害者家族の認識もまた、家族であるという事実をもって事件の情報を入手したり、事件に関与することが家族の権利であるかのように捉えている傾向がある。

　一つの家族の中でも、加害者とその家族、それぞれの権利は常に対立しうる緊張関係にある。たとえば、事件に関する告知について、家族としての知る権利と加害者のプライバシーが対立する可能性がある。加害者家族支援が進んでいる欧米諸国では、家族には自分の身の回りで何が起きているのかについて家族として知る権利があることが主張され、未成年者に関しても子どもの権利の観点から知る権利の保障が叫ばれている。しかし、具体的に家族は何をどこまで知る権利があるのか、踏み込んだ議論を見つけることは難しい。

　筆者は、家族の知る権利について、これまでの支援経験から、事件について公になった事実に関しては家族の知る権利が加害者のプライバシーより優先されると考える。なぜなら、家族も事件に巻き込まれる可能性があり、知らされないことによる不利益が予想されるからである。

　公になった事実とは、具体的には、逮捕の事実や判決である。加害者家族としては、公になった情報について早い段階で認識しておくことによって、加害者家族としてのさまざまなトラブルを回避することが可能となる。

　さらに、いつ、どこで、どのように事件が起きたのか、被害者は誰なのか、といった事件の詳細について、家族として知りたいと望

む人も少なくないかもしれない。筆者は、事件に関する情報はあくまで加害者のプライバシーであり、開示するか否かにおいては、基本的には加害者のプライバシーが優先されると考える。

家族が事件を起こした理由は、事件後の加害者との関係を継続するか否かにあたっての重要な判断要素となることから、裁判傍聴を通して客観的事実を確認することが望ましい。

親や兄弟が性犯罪加害者となった場合の子どもへの告知に関して、筆者はこれまで、親が子どもに告知を行う場面に何度か同席してきたが、告知を受けた子どもたちの反応は実にさまざまだった。父親が性犯罪を犯したケースにおいて、思春期にある娘はかなり抵抗を示すかと思われたが、反応はまったく違っていた。

性に関する事柄は一般的に羞恥心を伴うことであり、身内が逸脱した行為に手を染めた事実は受け入れがたいと思われる。しかし、支援を通して明らかになったことは、性に関する知識、認識、経験は個人によって大きく異り、その価値観によっても反応がわかれており、女性の方が必ず敏感であるとも限らなかった。

また、事件の告知を受けた子どもの中には、あまりに想定外の事実に対し、告知は不要であったと訴えた子どもも存在した。したがって、安易に知る権利ばかりを主張するのではなく、さらなる事例の蓄積を待って、個別のケースごとに慎重に検討していく問題である。

4　おわりに

WOHでは、捜査段階から継続した相談や各所同行支援を通して、日本の司法や制度の中で翻弄される加害者家族の問題をあぶりだしてきた。つまり、ケア理念に基づく加害者家族へのアプロー

チが、加害者家族の人権保障を実現させたといえる。

　差別や排除に苦しめられながらも、なかなか声を上げることの難しい立場に置かれているマイノリティの権利を可視化していくためには、ケアと人権の理念が相互補完的に機能することが不可欠である。

　本書で検討するケアと人権の理論と実践が、いまだに社会で見過ごされているマイノリティの人権の可視化につながることを期待したい。

（あべ・きょうこ）

海外ドラマ紹介①:『アリー my Love』
——男女の本音と建前

　『アリー my Love』は、キャリスタ・フロックハート（Calista Flockhart）扮する女性弁護士アリー・マクビール（Ally McBeal）が主人公のコメディタッチの法廷ドラマだ。1997年から5年間放送され、全米ではエミー賞やゴールデングローブ賞を受賞し、ブームとなった。日本でもドラマに出てくるダンシングベイビーやプリングルスのポテトチップス、スターバックスのコーヒーなど主人公アリーのライフスタイルが話題となった。

　幼馴染で初恋の相手ビリー・トーマス（Billy Thomas）を追いかけてハーバードロースクールに進学したアリーだが、その後、ビリーはミシガンへと転校してしまう。弁護士になった2人は偶然、同じ事務所で出会い、同僚として働くことになる。アリーはまだ独身だったが、ビリーはバービー人形のような才色兼備の妻と結婚していた。

　シーズンⅠ・Ⅱは、未練が断ち切れない初恋の相手と、ビリーの妻とまで一緒に働くことになり、三角関係や夫婦の本音が持ち込まれる離婚訴訟やセクハラ訴訟と関連して描かれている。

　アリーが着ている太ももがすっかり露わになるマイクロミニのスカートは、キャリアウーマンの服装として相応しくないと女性団体から批判が寄せられたという。ドラマのなかでも、丈が短すぎると裁判官から注意され、服装を改めなかったことを理由に法廷侮辱罪に問われるシーンもある。スレンダーな体系のアリーゆえに、色気が前面に出ているファッションではないが、頭の切れる法律家の雰囲気を醸し出すファッションとは一線を画している。

　弁護士の世界であっても完全なる能力主義ではなく、現実とし

て、女性は美しいかそうでないかが、社会的に非常に大きな要素だと言わんばかりのエピソードが多々登場する。

　容姿やファッションにとどまらず、アリーの生き方は恋愛依存の傾向が強く、自立したキャリアウーマンとは程遠い、むしろ、女性としての弱さが丸出しなのだ。ハーバードロースクールを卒業して弁護士として成功しても、女性としては満たされない。いつまでも男性の興味を引き付ける外見でいたい、といった隠された女性としての本音が正直に描かれているところが多くの女性の共感を得たのかもしれない。

　フェミニストであらねばといった理想と現実との間に揺れるのはキャリアウーマンの女性だけではない。アリーの初恋の相手、ビリーも同じだ。シーズンIIIでついにその本音が爆発する。「妻は常に美しく家庭的であってほしい」と言う、これまで心の奥底に閉じ込めていた願望を妻にぶつけ、キャリアウーマンの妻を驚かせる。突然、若い女性秘書を雇ったり、美女を侍らせたりと、性差別主義者だと開き直ったその行動は徐々にエスカレートしていく。

　男女同権が社会での常識になった時代でも感情は追い付いていない。このドラマでは、アメリカ社会の逆差別といった社会の建前に対する本音がストレートに表現されている。たしかに痛快と思うシーンもあるが、あまり開き直るのはいかがなものか……。

　差別的発言をはばからないトランプ大統領の言動を思い出さずにはいられない、いま、まさに見直したくなるシリーズだ。

阿部恭子

第2部

性犯罪加害者家族
支援の現状

第1章
日本における性犯罪加害者家族の現状と支援

阿部恭子（NPO法人World Open Heart理事長）

　本章では、2009年から2016年までNPO法人World Open Heart（以下、WOH）に寄せられた性犯罪加害者家族からの相談352件を基に、性犯罪加害者家族の傾向と事件後どのような問題に直面しているのか、その現状と支援のあり方について検討する。

1　性犯罪加害者家族の現状

(1) 性犯罪の内容

　図1は、WOHが受理した事件の内容を示した統計であるが、圧倒的に多いのは強制わいせつ罪である。電車内での痴漢や路上での痴漢行為、飲酒の席で酔った状態での犯行なども目立つ。下着を盗み窃盗罪で逮捕されたケースや、軽犯罪法違反に該当する「のぞき」（軽犯罪法1条23号）、迷惑防止条例違反で逮捕された「盗撮」など、依存症を背景として繰り返されている犯行が多く、全体の57％が再犯である（図2）。
　性虐待など家族の中に被害者と加害者が存在するケースは含まれていない。

図1　罪名

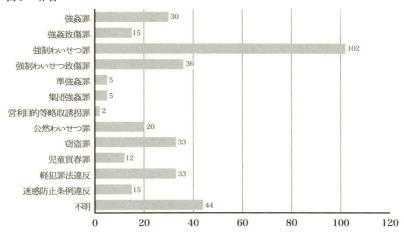

図2　再犯か初犯か

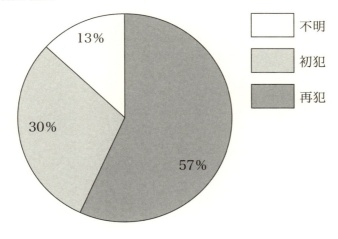

(2) 続柄（加害者との関係）

　図3は、加害者との関係を示しているが、相談者の87％が女性である。図4は、相談者である加害者家族の年齢である。60代が最も多く、全体として年齢が高い傾向にある。30～50代の中堅世代は、仕事や子育てなどに追われており、60代以上の相談者と比較して、情報にアクセスしたり、相談に訪れる余裕がないことが原因ではないかと思われる。

　図5は、加害者の年齢であるが、20～40代が半数を占めており、50～60代の親を持つ世代が多い。

図3　続柄

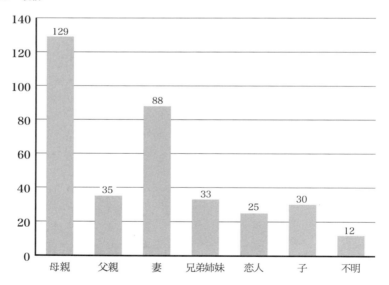

図4　家族の年齢

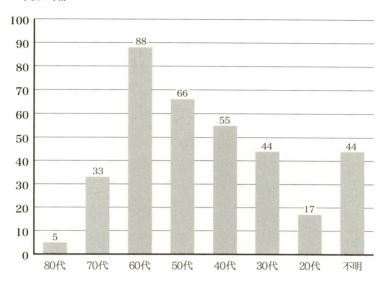

図5　加害者の年齢

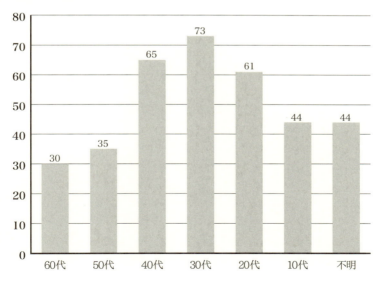

第1章　日本における性犯罪加害者家族の現状と支援

(3) 相談内容

図6　相談の主訴

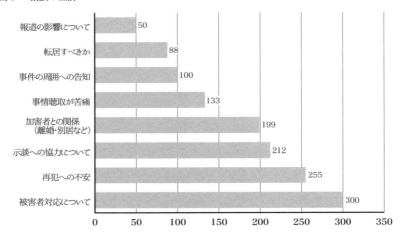

＜被害者対応に悩む家族＞

　性犯罪加害者家族の悩みの中心は被害者対応である。被害者が近所に住んでいる場合、被害者側から転居を求められるケースも多く、転居に関する相談が多いことも特徴の一つである。

　事件後、近隣住民からいたずらや嫌がらせを受けている家族も少なくない。特に、幼い子どもが被害者になった事件への応報感情は強く、近隣住民から転居を求められ、転居を余儀なくされている家族も存在する。

　余罪が何件も出てきて、被害者が多数であることが明らかになった場合、被害者全員に対して、家族はどのように対応すべきなのか、罪責感といった精神的な悩みだけではなく、賠償などの経済的な対応についても頭を悩ませている。

＜再犯の不安に怯える家族＞

　全体の57％が再犯者の家族である（**図2**）。最初に相談に訪れた時点では、初めてだと思っていた逮捕が、その後の捜査で以前にも逮捕歴があることが明らかとなったり、1件だけだと考えていた事件から余罪が多数発見され、深刻化する事態の衝撃に苦しむケースも少なくない。

　盗撮やのぞき、服の上から触る痴漢など、加害者はすぐに釈放される反面、また犯行が繰り返されるのではないかといった再犯の不安に家族は日常的に晒されている。

　逮捕報道によって同居人の住所が知られる可能性があることから、再び家族も事件に巻き込まれることが最大の恐怖といえる。

＜役割に悩む家族＞

　弁護人から持ち込まれる示談への協力について、協力すべきか否か、家族は頭を悩ませることになる。加害者本人がすでに資力を失っている場合、家族に支払いを頼まれるケースも非常に多い。責任の肩代わりは本人のためにならないと思いながらも、被害者に対して申し訳ないという感情から積極的に支払いを引き受ける家族もいる。

　夫が性犯罪者となった場合、妻としては夫が犯罪者となった事実と女性として裏切られた事実に、二重に苦しんでいる。それでも、即、離婚を決意できる相談者は稀である。家庭においては、良き夫や父親であったというケースも多々あり、婚姻を継続する選択をする人々も少なくないのが現状である。

(4) 事件後の生活の変化

図7　事件後の生活の変化

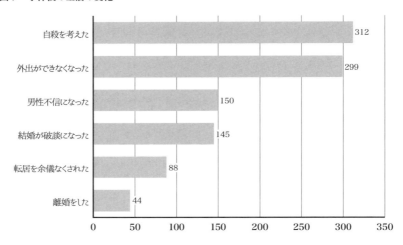

＜男性不信と罪責感に苦しむ家族＞

　身内が事件を起こしたという事実に加え、それが「性犯罪」であったという事実がもたらす衝撃は計り知れない。事件後、家族が自殺を考えたという報告は、その他の事件の家族よりも多い。

　女性の相談者のなかには、事件後、「男性不信になった」という訴えが多数寄せられている。親や兄弟など、身近な男性が性犯罪者となった場合、多くの女性にとって裏切られたという感情は強く、その後の男性とのコミュニ─ションに影響を及ぼすケースも見られ、性犯罪被害者と類似した心理状況が報告されている。

　加害者の親であれば、育て方に問題があったという罪責感に苦しみ、加害者の妻や恋人たちは、性的満足感を与えられなかったことが犯行の原因ではないかという罪責感に苦しめられている。

＜好奇の目に晒される家族＞

　性癖は遺伝するのではないかという社会的偏見は強く、性犯罪者の家族は、他の事件よりも、結婚に影響が出るケースが多い。

　幼い子どもが被害者となった事件については、加害者家族に対しても、社会から厳しい目が向けられ、転居を余儀なくされるケースが多い。

　事件が周囲の知るところとなってしまった場合、社会的制裁に加えて加害者家族を苦しめているのが、世間からの好奇の視線である。からかいの電話や壁への落書き、子どもが学校であだ名をつけられていじめられるなど、家族が嘲笑の的にされるケースもある。

　被害者と和解し、事件は解決を迎えていても、周囲からの好奇の視線に屈辱的な思いをしながら生活を送っている家族も存在している。

(5)　性犯罪者とその家族の実態

＜性犯罪者の実態＞

　筆者はこれまで、加害者家族を通して100人以上の性犯罪者と面会してきたが、加害者の容姿や職業は実にさまざまで、「変質者」というイメージとは程遠い人々がほとんどであった。WOHでは、家族が相談窓口となっていることから、加害者は皆、家族とのつながりを有しており、妻子や恋人がいるケースがほとんどである。加害者の交際歴もさまざまであり、異性とのコミュニケーションが下手な男性ばかりではなかった。

＜性犯罪加害者家族の傾向＞

　加害者家族は、加害者と同居していたり、定期的に交流のある関係が近い家族が多く、**図6**の相談の主訴からも、被害者対応や示談

への協力に悩むなど、本来加害者が主体的に進めるべき問題を代わりに引き受ける傾向が顕著である。

　加害者家族の半数以上は定職に就いており、地域社会とのつながりも強いことから、みずからの傷を回復させることよりも、身内が事件を起こしたことに対する社会的責任として何をすればよいかを考えている傾向がある。

　配偶者やパートナーとの関係では、事件以前、必ずしもセックスレスとは限らずセックスフルなカップルの間からも性犯罪者は出ている。

2　性犯罪加害者家族の支援

　各種の支援は、事件の進捗状況を見ながら、刑事手続に沿って進められ、適切な時期に行われることで効果を上げ、相談者の回復を促進することにつながる。以下、各種支援において、支援者が意識すべき点について述べる。

(1)　法的支援

＜権利の告知＞

　法的支援については、刑事手続の流れや制度に関する情報提供に留まることなく、加害者の権利や被害者側の権利との間で、時に対立しうる加害者家族固有の権利について、告知を受ける必要がある。

　事件後、加害者家族は参考人として捜査機関から事情聴取を受けたり、公判において情状証人として証言を求められることがある。性犯罪の場合、夫婦関係や家族の性癖など、羞恥心を伴う内容に触れられることは避けられない。参考人や証人は義務ではなく、応じ

図8 支援の流れ

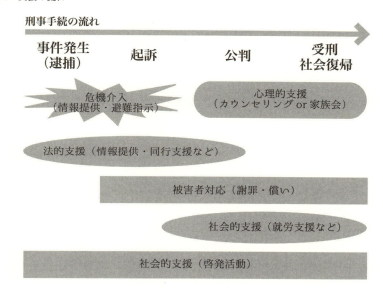

るにあたっても、プライバシーに十分配慮されるべき立場にあるという権利意識を喚起する必要がある。

　加害者との関係においては、被害者への謝罪や加害者が勤務していた会社への対応など、被疑者・被告人に代わって、家族が行うのが当然の務めであるかのように加害者から役割を押し付けられているケースもたびたび見受けられる。事件の処理は、あくまで加害者が担うべきものであり、代理となりうるのはまず弁護人である。家族が協力するか否かの判断は、家族の意志に委ねられるべき問題であり、強制されるものではない。

＜刑事弁護人との連携＞
　事件後、加害者家族は、塀の中にいる加害者に代わって勤務先に事情を説明したり、謝罪をしているケースもある。加害者家族が事

件の処理を担うなかで、非常に屈辱的な体験をすることも少なくない。

　このような被疑者・被告人の生活に関する支援について、弁護人が積極的に引き受けてくれることで、加害者家族の負担は大幅に軽減される。加害者の更生や社会復帰という観点からも、視野に入れていただきたいところである。

(2)　心理的支援のあり方

＜目的に沿ったカウンセリング＞

　心理的支援についてWOHでは、専門家によるカウンセリングと、同様の経験を有する加害者家族がそれぞれの体験を語り合うピア・カウンセリングを提供しており、いずれかの支援を選択する相談者もいれば、両方の支援を受けている相談者もいる。

　犯罪の原因に関わる性生活や性癖などの羞恥心を伴う問題は、家族間といえども共有しにくい問題であり、家族で共有することが必ずしも望ましいとはいえない。したがって、更生を考える加害者と加害者との関係や対応に悩む家族、それぞれへのカウンセリングが求められる。繰り返される犯行の背景に、依存症のような家族病理が疑われる場合、加害者本人と同様に、家族が依存症への理解と知識を持つことは再犯防止にもつながる。

　ピア・カウンセリングは、当事者が運営する「自助グループ」とは若干異なり、当事者と支援者が協働で運営を行っている。[1]同じ体験を共有することで孤立感から解放されたり、自分の問題を相対化し、肯定的に捉えなおすことができたという効果が報告されている。

　罪名や加害者との関係性、事件の進捗状況によって加害者家族の

---

[1] 加害者家族へのピア・カウンセリングについては、阿部恭子編著・草場裕之監修『加害者家族支援の理論と実践——家族の回復と加害者の更生に向けて』(現代人文社、2015年) 195〜204頁参照。

悩みはさまざまであることから、対象者をどのように絞るかといったグルーピングが重要である。

性犯罪では、事件後、妻と母の間で責任の押し付け合いになるトラブルも起きており、家族としての関係を断つことのできない血族と離婚という選択肢を有する姻族は、区別されたグループの方が、参加者が本音を語りやすい空間を作りやすい。

捜査段階は、報道や捜査に巻き込まれる可能性もあり、事件の展開が読めないケースもあることから、軽微な事件であれば処分が決定した後、または起訴後が心理的支援に適した時期である。

(3) 社会的支援

＜個人を基本とした支援の必要性＞

加害者家族支援の発展において、欧米諸国で行われているようなさまざまな対象者や犯罪類型を絞った支援が生まれることは望ましいが、いかなる支援体制であっても、「家族」に囚われるあまり、個人に犠牲や無理を強いるような支援であってはならない。

若年出産などを理由に、精神的に未熟である親ばかりが加害者家族ではないことから、求められている支援は、家族教育的なアプローチより、安心して家庭の悩みを打ち明けられる空間を提供することである。行政との協働においても、パターナリスティックな介入をできるだけ排除するような緊張関係が必要である。

これまで加害者家族は、家族であるという事実から、どれほど社会的に追いつめられている状況にあろうとも、更生の役割を押し付けられる傾向にあった。「家族なんだから見捨てないでください」「家族だから頑張ってください」という励ましは、個人の尊重を基本とした支援とはいえない。

性犯罪については、加害者家族の80％が女性だが、筆者のこれ

までの経験からは、身内が起こした性犯罪に対する受け止め方は、年齢や経験など性差より個人差の方が大きいと感じている。性を語ることにオープンは女性もいれば、羞恥心を露わにする男性もおり、支援にあたっては、性別に囚われすぎることなく、相談者各自の羞恥心に配慮したアプローチが求められる。

(あべ・きょうこ)

第2章 アメリカにおける性犯罪と加害者家族に関する概要

北茉莉（ハワイ大学マノア校社会学部博士後期課程）

1 はじめに

　アメリカでは1973年代以降、犯罪の厳罰化に伴い、大量の薬物事犯者などの軽犯罪者を急速的に勾留してきたが、そのトレンドにより活発化してきたのが加害者家族あるいは受刑者家族の研究と運動である。現在、アメリカの受刑者率はロシアや中国を押さえて先進国の中では最も高く、この高い受刑率の及ぼす家族ひいては地域全体への影響が、長くアメリカでの加害者家族研究の焦点であった。受刑が家族へ与えるさまざまな影響の中でも、子どもへの影響は最も特筆すべきであるとされ、最新の研究では、受刑を経験した親を持つ子どもは実に18歳未満の人口の2.3%（170万人）を占めると言われている[1][2]。その他にも、刑務所に服役する受刑者を持つことが家族に経済的、精神的、肉体的、そして、社会的に絶大な影響を及ぼすことは多くの研究によって明らかにされてきた。こういった統計と過去の研究を踏まえ、本稿ではアメリカの性犯罪加害者家族に的を絞り、その特色、社会的制裁、法の与える影響、家族の経験する感情、

---

[1] Glaze, Lauren E. and Laura M. Mruschak. 2008. *Parents in Prison and Their Minor Children*. Washington, DC: Bureau of Justice Statistics.
[2] Hagan, John and Ronit Dinovitzer. 1999. "Collateral Consequences of Imprisonment for Children, Communities, and Prisoners." *Crime and Justice* 26:121–62.

そして、支援の輪郭を粗描していく。

2 アメリカにおける加害者・受刑者家族とその研究

　アメリカで加害者・受刑者家族を主体においた研究が始まったのは、1970年代後半と、比較的最近のことである。当初は大半の文献が少数のサンプルに基づいた記述的なものにとどまっていたが、厳罰化による受刑者とその家族、特に受刑者を親に持つ子どもへの懸念から、90年代以降は受刑者家族に焦点を当てた学術論文が倍増するに至った。中でも、母親の受刑が子どもに与える影響については数多く研究がなされたが、これに呼応するように行われたのが、社会に残された受刑者の妻やパートナーについての調査である。▼3 それにより、面会に行くための高額な交通費や宿泊費など、身内が刑務所に勾留されることにより経験する受刑者家族のさまざまな困難が、昨今の研究によって明らかになってきている。たとえば、ニューヨーク州に住む19名の受刑者を持つ家族にインタビュー調査と参与観察▼4 を行った研究者によると、受刑者家族は自分や残された家族のケアと受刑者のケアとの間で板挟みになりやすいという。▼5 罪を犯した家人（多くの場合、男性である）を失うことで残された家族は大きな経済的損失をこうむり、その損失を補う役割は多くの場合、受刑者のパートナーである女性が担う結果となる。その際、女性は限られた財源を、残された家族に割り当てるのか、受刑者支援のために振り分けるのかといったジレンマに晒されるためである。また、そう

---

3 Comfort, Megan. 2008. *Doing Time Together: Love and Family in the Shadow of the Prison*. Chicago: University of Chicago Press.
4 　研究者が実際にフィールドにおもむき、研究対象者との交流や観察を通してデータを集める研究方法のこと。
5 Christian, Johnna. 2005. "Riding the Bus: Barriers to Prison Visitation and Family Management Strategies." *Journal of Contemporary Criminal Justice* 21(1):31–48.

いった女性は面会などで刑務所や刑務官と接点を持つことで、権利の剥奪や社会的排除、さまざまな資源・財源の減少など、あたかも自分たちが受刑者であるかのような扱いを受けることが多い。[6]このように、血縁や恋愛関係というつながりを通して、女性が男性の犯した犯罪の結果生じるさまざまな問題の尻拭いをする役目を担いやすいということは、日本やカナダでも同様の報告がなされている。[7][8]

　受刑が家族はもとより地域社会へ与える影響も、アメリカではさまざまな研究結果が発表されている。薬物事犯への厳罰化によって多くの働き盛りの若者が地域から流失し、刑務所に送られることが地域におけるソーシャル・キャピタルを破壊し、人びとを孤立させ、さらにはコミュニティ自体を破壊することはさまざまな研究で確認されている。[9][10][11]しかし、犯罪率が先進国の中でも非常に低い日本と比べ、上記でも述べたように、アメリカは受刑率が突出して高く、特に貧困や人種差別のために受刑率の高い地域では、刑務所へ行くこと自体がそれほど稀でないケースも見受けられる。そういった地域では、受刑率の低い地域と比べ、身近な人間が刑務所へ行っても家族がそれほど社会的偏見や差別を感じないといった研究報告もなさ

6　前掲註3。
7　Hannem, Stacey. 2011. "Stigma and Marginality: Gendered Experiences of Families of Male Prisoners in Canada." Pp. 183–218 in *Critical Criminology in Canada: New Voices, New Directions*, edited by A. Doyle and D. Moore. Vancouver, Canada: UBC Press.
8　阿部恭子『加害者家族支援の理論と実践——家族の回復と加害者の更生に向けて』(現代人文社、2015年)。
9　Clear, Todd R., Dina R. Rose, Elin Waring, and Kristen Scully. 2003. "Coercive Mobility and Crime: A Preliminary Examination of Concentrated Incarceration and Social Disorganization." *Justice Quarterly* 20(1):33–64.
10　Clear, Todd R., Dina R. Rose, and Judith A. Ryder. 2001. "Incarceration and the Community: The Problem of Removing and Returning Offenders." *Crime & Delinquency* 47(3):335–51.
11　Rose, Dina R. and Todd R. Clear. 2004. "Incarceration, Reentry, and Social Capital: Social Networks in the Balance." in *Prisoners Once Removed: The Impact of Incarceration and Reentry on Children, Families, and Communities*, edited by J. Travis and M. Waul. Urban Inst Pr.

れている。▼12▼13

　こういった研究が進む中で、アメリカでは、受刑が人々に与える利害をより多面的に理解しようといった動きも広まっている。もともと現存する刑事施設への批判的な見方が主たる受刑者家族研究であるが、それにより、刑務所が家族に与える意外な利点も明らかになったのである。特に、犯罪を犯すだけでなく、暴力的な夫、パートナー、あるいは父親を受刑によって家庭から一時的に取り除き、その間に家族・加害者双方をカウンセリングやセラピーなどのプログラムへ導くことへの利点が指摘されている。▼14▼15さらに、最近の研究の潮流は、受刑者家族だけでなく、もっと広義での加害者家族、いわば、人が司法制度と接触しただけで経験するさまざまな影響をより包括的に理解しようというものになってきている。▼16▼17捜査、尋問、逮捕から受刑、そして社会復帰まで、人が罪を犯した場合、司法機関との接触の仕方は実にさまざまであり、その形態も時間とともに変容していく。受刑に至るほどではない軽微な犯罪でも、留置や裁判、さらに保護観察など、こういった司法制度とのさまざまな関わりが加害者のみならず、その家族に与える影響を総合的に調査するためである。

---

12 Fishman, Laura T. 1988. "Stigmatization and Prisoners' Wives' Feelings of Shame." *Deviant Behavior* 9(2):169–92.
13 Schwartz, Mary C. and Judith F. Weintraub. 1974. "The Prisoner's Wife: A Study in Crisis." *Federal Probation* 38(4):20–26.
14 前掲註2。
15 Sampson, Robert J. 2011. "The Incarceration Ledger." *Criminology & Public Policy* 10(3):819–828.
16 Comfort, Megan. 2016. "'A Twenty-Hour-a-Day Job': The Impact of Frequent Low-Level Criminal Justice Involvement on Family Life." *The Annals of the American Academy* 665:63–79.
17 Wakefield, Sara, Hedwig Lee, and Christopher Wildeman. 2016. "Tough on Crime, Tough on Families?: Criminal Justice and Family Life in America." *The Annals of the American Academy* 665:8–21.

3 性犯罪の傾向、加害者への社会的制裁とその家族への影響

　アメリカでは、90年代前半から性犯罪は減少傾向にあり、これは犯罪全般が減少の一途をたどる全米の傾向と呼応している[18][19]。しかし、昨今アメリカでメディアからの注目を集めているのが、大学構内で起こる性犯罪、いわゆるキャンパス・レイプ（もしくは広義で性的暴力）の問題である。2006年だけでも、実にアメリカ全土の女生徒の５％がレイプの被害を受けているという報告もなされている。これには、アメリカ特有のフラタニティ（男子学生社交クラブ）や、時にはプロと同等の脚光を浴びるスクール・アスリートを生み出す大学スポーツという文化的・社会的背景が影響していると思われる。チームメートやフラットメイトと毎日を一緒に過ごすうえで、キャンパスや寮での過度な飲酒、さらに女性への性的暴力を黙認するような価値観に染まっていき、さらには優秀な男子選手や生徒を守りたい大学側の性犯罪加害者への緩い処罰などがこの傾向を助長しているようである。このことから、昨今ではキャンパス内での性犯罪は、女性が平等に教育を受ける権利を阻害する大きな社会問題とされている。

　性犯罪がここ20数年の間で減少傾向にあるとはいえ特筆すべきなのは、性犯罪が統計に非常に反映されづらい犯罪だということである。実際に、およそ７～８割の児童虐待やレイプなどの性犯罪が司法機関に通報されないという[20][21]。この理由の一つとしては、アメリカ

---

18 Sinozich, Sofi and Lynn Langton. 2014. *Rape and Sexual Assault Victimization Among College-Age Females*, 1995–2013. Washington, DC: Bureau of Justice Statistics.
19 Truman, Jennifer L. and Rachel E. Morgan. 2016. *Criminal Victimization*, 2015. Washington, DC: Bureau of Justice Statistics.
20 Finkelhor, David. 2009. "The Prevention of Childhood Sexual Abuse." *Future of Children* 19 (2):169–94.
21 Kilpatrick, Dean G., Heidi S. Resnick, Kenneth J. Ruggiero, Lauren M. Conoscenti, and Jenna McCauley. 2007. *Drug-Facilitated, Incapacitated, and Forcible Rape: A National Study*. Charleston,

において大半の性犯罪被害者は加害者を何らかのかたちで見知っていることが挙げられる。日本では痴漢などのようにまったくの他人からの性犯罪を受けることは比較的めずらしくないのに比べ、アメリカでは実に女性のレイプ被害者の75%が知人・友人、恋人、配偶者、そして、家族などから性的被害を被ったとされている。[22]

　日本とアメリカの性犯罪加害者の社会的処罰に対する違いは、性犯罪の前科を持った者の登録制度に最も色濃く反映されているといってもよいだろう。全米の犯罪率が少しずつ減少傾向にあったクリントン政権化の1994年、ニュージャージー州で子どもへの性的虐待を犯した人物をデータベース化する「子どもに対する犯罪と暴力犯罪者登録法」(Jacob Wetterling Crimes Against Children and Violent Offender Registration Act)が制定された。これが1996年に国レベルで制度化されたのがいわゆるミーガン法であり、それによりすべての州において子どもへの性的虐待加害者の登録が義務付けられた。この法の施行は、遵守しない州の司法機関への国からの補助が10%カットされるという非常に強制的なものであった。これを皮切りに、司法機関が、刑期を終えて出所した人々の地域に与えるリスクを個別に判断し、そのリスクの大きさによっては地域、学校、さらには個人宅に通知することなどが次々と法律で定められた。また、もともと子どもへの性犯罪だけに限定されていたミーガン法であるが、アメリカでの大衆迎合的な厳罰化の風潮に伴い、次々と法の適応される範囲が拡大されていった。そして、今現在この登録簿には、レイプや性的児童虐待など深刻なものから、未成年との合意に基づく性交や立ち小便にいたる比較的軽微なものまで、さまざまな種類の性犯罪を犯した人物の身元、身体的特徴、住所、職場、車種などが掲載されている。さらには、この情報をまとめた登録リストはインターネッ

SC: National Crime Victims Research and Treatment Center.
22 Truman, Jennifer L. 2011. *Criminal Victimization*, 2010. Washington, DC: Bureau of Justice Statistics.

トで誰もが閲覧可能である[23]。

　アメリカの一般市民には幅広く認知されているミーガン法であるが、実際はこの制度が性犯罪抑止に効果的だという科学的根拠はほとんど示されていない[24][25]。その理由の一つとしては、この法令が実際の統計に基づかず、見知らぬ人によって起こされる児童への性犯罪というあくまで特殊な犯罪を念頭に置いていることが挙げられる。前述の通り、アメリカでは性犯罪は家族間や顔見知りの間で起こることがほとんどであるが、少数のある特定の性犯罪を扇情的に報道するメディアが性犯罪の実情とはかけ離れた架空の恐怖の対象を作り出し、それに対する感情的な対抗策として作られたミーガン法は性犯罪者を治療ではなく、監視と罰によってコントロールする風潮をより強固なものとしたのである[26]。よって、この制度は性犯罪者自身に多大な副次的な影響を与え、さらには皮肉にも性犯罪抑止への妨げになると多くの研究者は結論づけている。地域で疎外されることによって引き起こされる仕事や住居の見つけづらさ、そして、家族とのつながりを保ち続けることへの困難などが加害者を健全な社会生活から遠ざけ、再犯率を高めることにつながるからである。また、ミーガン法の副次的影響は住居や就職に関するもの以外でも、近隣住民からのさまざまな嫌がらせなどが数多く報告され、それが性犯罪当事者に及ぼす精神的な悪影響は絶大であるという。中にはこういったハラスメントが暴力的行為にまで及ぶこともあるが、その際にも自身の犯罪歴がさらに公にされることを避けるため、性犯

---

23 Farkas, Mary Ann and Gale Miller. 2007. "Reentry and Reintegration: Challenges Faced by the Families of Convicted Sex Offenders." *Federal Sentencing Reporter* 20(1):88–92.
24 Agan, Amanda Y. 2011. "Sex Offender Registries: Fear without Function?" *Journal of Law and Economics* 54:207–39.
25 Zevitz, Richard G. 2006. "Sex Offender Community Notification: Its Role in Recidivism and Offender Reintegration." *Criminal Justice Studies* 19(2):193–208.
26 Quinn, James F., Craig J. Forsyth, and Carla Mullen-Quinn. 2004. "Societal Reaction to Sex Offenders: A Review of the Origins and Results of the Myths Surrounding Their Crimes and Treatment Amenability." *Deviant Behavior* 25(3):215–32.

罪の前科を持つ人々は被害の訴えを起こすことに消極的になりがちであるという。[27]

　こういった副次的影響が、加害者の身内、特に同居をする家族にまで及ぶことは容易に想像できる。性犯罪加害者の家族だけに焦点を置いた研究はアメリカでもまだ数少ないが、アメリカで初めて性犯罪者リストに名を連ねる人物の家族580人を対象にアンケート調査を実施した研究者らによれば、研究対象者580人の88％が自身の家族をインターネットの性犯罪者リスト上に発見し、30％が地元新聞に性犯罪者として家人の居住地が掲載された記事を目にしたという。それ以外の地域住民への伝達手段としては、警察の個別家庭訪問（25％）、はりがみ（22％）、校内集会（15％）、地域の集まり（15％）などが挙げられている。また、前科の公表によって一家の稼ぎ手が失職（53％）、そして、受刑後の新しい就職先を見つける困難を経験（82％）したことで、家族全体の経済的損失につながった。さらに居住地が明らかにされたことによって、大家、もしくは近隣住民の要望から引っ越しを余儀なくされ（60％）、41％が入居可能な物件を探すことに非常に苦労したという（性犯罪者は法的に学校や公園、幼稚園、保育園など、子どもが集まる施設に隣接する地域に住むのを禁じられているため）。[28] こういった度重なる転居や転職、さらに失業は、子どもの転校などに伴う情緒的不安定、さらには家族全体の貧困にもつながる可能性があり、見過ごせない悪影響の一つである。

　性犯罪を犯した人を家族に持つことの副次的影響は、経済的困難だけにとどまらない。同研究者の、性犯罪加害者家族の経験するストレスや他の情緒的な副次的影響に着目した調査では、家族の犯罪

---

27 Worley, Robert M. and Vidisha Baruna Worley. 2013. "The Sex Offender Next Door: Deconstructing the United States' Obsession with Sex Offender Registries in an Age of Neoliberalism." *International Review of Law, Computers & Technology* 27:335–44.
28 Levenson, Jill and Richard Tewksbury. 2009. "Collateral Damage: Family Members of Registered Sex Offenders." *American Journal of Criminal Justice* 34:54–68.

歴が世間に公表されたことによる孤独感、他人とのかかわりの回避、そして、恥の感情が最も多く報告されたという。それ以外にも、家族の感じたストレスの多くが、地域での孤立、友人関係の喪失、身の安全への懸念、強制的退去などに起因していたという[29]。ファルカスとミラー(Farkas and Miller)は、性犯罪が世に公表されることによって、親族との間柄にも影響が出ると述べている。身内が性犯罪を犯すという危機に直面したとき、親族が経済的、物理的、精神的サポートを提供することはよくあるが、その反面、親族の反感を買い、協力的でない身内と没交渉になることも少なくないという。そうでなくとも親族間での集まりへの声がかからなくなったり、犯罪者を連れて来ないでくれと頼まれるなど、結果的に家族が性犯罪者であるという事実を嘘で隠し、二重生活を余儀なくされていた。特に子どもが被害者だった場合には、この話題は触れられることのない家族間のタブーと化していた[30]。

　身内の罪が公になった後も同じ場所で働き、暮らし、学校へ行かなければならない加害者の家族は、往々にして地域住民からの好奇の目に晒され、日常的にプライバシーを侵害される。上記の研究では、たくさんの家族が「あたかも自分が性犯罪を犯して有罪になったような扱いを受けている」と報告した。そして、絶え間なく人びとの視線を意識して生きていかなければならないストレスにさいなまれた結果、多くの家族が罪を犯した者に対し、愛と憎しみという相反する感情を抱えるようになったという[31]。さらに、こうした制度が大人だけでなく子どもに与える影響も見過ごされてはならない。実際、性犯罪によって服役した人物を親に持つ子どもの過半数が、学校で友達やその親、そして、教師などから他の子どもとは違う扱

---

29 Tewksbury, Richard and Jill Levenson. 2009. "Stress Experiences of Family Members of Registered Sex Offenders." *Behavioral Sciences & the Law* 27(4):611–26.
30 前掲註23。
31 前掲註23。

いを受けたと報告している（クラスメートからの嫌がらせ、からかい、家の行き来を友達の親から拒まれるなど）。その結果、怒りや不安、鬱といった感情にさいなまれ、13％の子どもが自殺願望を口にするなどした。[32]

　これらのミーガン法に関する研究で明らかになったのは、現実に即していない俗説によって作り出された性犯罪者像が、当事者のみならずその家族までも傷つけ、その回復を困難にするということである。犯罪とは無関係で法律的にも罪のない人々が、性犯罪者との血縁や法的なつながりだけで社会的な汚名を着せられ、そのために経験するさまざまな困難が当事者との関係性をも破壊し、結果的に再犯を生むことになりかねないという事実は、犯罪者を罰し地域社会を安全に保つという司法機関の目的とは大きく矛盾する。よって、この法律を廃止する方向に持っていく一方で、性犯罪加害者自身のみならずその家族への経済的、精神的、物理的、社会的に適切な治療と支援が、人道や社会正義からの観点だけでなく再犯防止のためにも必要とされるのである。[33]

4　性的児童虐待と家族の相反する感情

　アメリカでは、大半の性犯罪が家族、恋人、親戚、友人などの顔見知りどうしの間で起こるというのは前述の通りである。よって、家庭内で起こる性的暴力、性的虐待や近親相姦について言及せずに、アメリカでの性犯罪を論じることは不可能である。特に子どもへの性的虐待は、それが家族に複雑な感情を芽生えさせるという点にお

32　前掲註28。
33　前掲註23。

いて特筆すべきである。研究によると、性的児童虐待が起こった場合、その加害者が親である場合は実に80％以上にのぼるという[34]。そういった場合、加害者の配偶者（多くの場合、被害を受けた子どもの母親）は非常に複雑な立場に立たされる。自身の夫やパートナーと子どものどちらかを選ぶという究極の選択を暗に迫られるからである。ボーレンとラム（Bolen and Lamb）によれば、これまで多くの研究者がこういった母親を被害者である子どもに献身的であるかどうかという点だけで判断し、ジレンマを抱える母親を子どもの回復に協力的でないと批判的にとらえる傾向にあったという。しかし、子どもの精神的・身体的回復に欠かすことのできない母親を効果的にサポートするためにも、彼女たちの抱えるアンビバレンス——二者の間で相反する揺れ動く感情——をあくまで自然な反応として受け入れたうえで、心理的に援助することの大切さを強調している[35]。

　同じように、性犯罪や性的虐待が子ども同士の間で起こった場合も、親は非常に厳しい立場に置かれる。こういった性犯罪は年長の子どもが親戚や知り合いの子ども、もしくは自身の妹や弟に被害を与える場合が多いが、その後の対応は、成人したパートナーや配偶者が犯罪を犯した場合よりも、家族はより難しい対応をせまられる。2008年の調査によれば、子どもによる性犯罪は実に全体の35％以上にのぼったという[36]。その中で明らかになったのは、子どもの行いが公になった場合、親や家族が児童相談所や他の機関のスタッフに対して恥や屈辱感、さらには恐怖などの感情を抱いたりするということである。また、こういった家族は大きなストレスにさいなまれるため、虐待をおこなった子ども、その被害者のみならず、家族自身

---

34 Rape, Abuse & Incest National Network. 2017. "Children and Teens: Statistics." Retrieved March 10, 2017 (https://www.rainn.org/statistics/children-and-teens).
35 Bolen, Rebecca M. and Leah J. Lamb. 2007. "Can Nonoffending Mothers of Sexually Abused Children Be Both Ambivalent and Supportive?" *Child Maltreatment* 12(2):191-97.
36 Finkelhor, David, Richard Ormrod, and Mark Chaffin. 2009. *Juveniles Who Commit Sex Offenses Against Minors*. Washington, DC: Office of Juvenile Justice and Delinquency Prevention.

のケアの必然性も強調されている。デュエイン (Duane) らによれば、加害者の両親はショック、混乱、自己嫌悪、罪悪感、怒り、悲しみなどを経験する。さらに、被害を軽く見積もったり、性的虐待があった事実を否定するといった行為も、自身とその家族を守ろうとするとっさの防衛反応としてよく見られるものである。そして、最終的には家族が加害者に対して全面的なサポートの姿勢を見せる場合もあれば、その子どもを「モンスター」として扱い拒否したりすることも調査では明らかになっている。[37] さらに、刑事施設に加害者である子どもがある一定期間収容された後、家族の元へ戻り関係を修復・再構築しようとした際、家族自体がそれに難色を示すといったケースも報告されている。法律的には無実である家族も、「犯罪者を生み出した」という偏見により大きな社会的制裁を受け、そこからの回復に長い時間を要したり、また、家族間で犯罪が起こった場合、残された家族が非常に傷つき、驚き、その影響から抜け出しきれていないということが主な原因だと思われる。[38]

　子どもによる性的虐待を研究したハケット (Hackett) らによれば、そういった子どもを持つ親の25%が危害を加えた子の治療に全般的に協力的であったが、同時に怒りや不安、恐怖を報告したという。[39] そして、28%の家族の対応はもっと曖昧であり、事件による大きな不安から、性的虐待が起こった事実を部分的または全面的に否定したり、被害を矮小化したり、さらには事件後関わりを持ったサポー

---

37 Duane, Yvonne, Alan Carr, Joan Cherry, Kieran Mcgrath, and Deidre O'Shea. 2002. "Experiences of Parents Attending a Programme for Families of Adolescent Child Sexual Abuse Perpetrators in Ireland." *Child Care in Practice* 8(1):46–57.
38 Burnham, Julia Moss, Jeff Debelle, and Ros Jamieson. 1999. "Working with Families of Young Sexual Abusers: Assessment and Intervention Issues." Pp. 146–67 in Children and Young *People Who Sexually Abuse Others: Challenges and Responses*, edited by M. Erooga and H. Masson. London, UK: Routledge.
39 Hackett, Simon, Josie Phillips, and Helen Masson. 2014. "Family Responses to Young People Who Have Sexually Abused: Anger, Ambivalence and Acceptance." *Children and Society* 28:128–39.

ト機関にも非協力的であった。こういった家族は、自身の怒りや不安をコントロールするために親どうしで責任をなすりつけ合ったり、被害を受けた子どもを責めることもあった。こうした家族における曖昧な対応は、まさしく加害者と被害者の間で揺れ動くアンビバレントな心を表しており、家族を事件以前の何も問題がなかった正常な状態に戻したいがために、性的虐待を「単なる子どもの遊びの延長」として捉えたりしていた。その結果、危害を与えた子どもが自分のやったことを正しく認識せず、場合によっては性的虐待を助長することにつながった。さらに、八つの家族（7%）あるいは親（家族間でも対応が食い違うことがあるため）は、虐待をした子どもを激しく非難、家族から疎外するなどして対応していた。興味深いことに、このうち七つの家族が性的虐待を家族間で経験していた。結果としてこれらの家族は事件を子どもからの裏切りと捉え、虐待した子どもを「異常者」として疎んじる傾向にあった。しかし、時間が経過するにつれ家族の反応は変化し、家族間の関係性の修復が試みられる場合もあれば、そうでない場合もあった。

　性犯罪や子どもの犯した犯罪にかかわらず、加害者家族が加害者本人と被害者の間に立たされることに起因する複雑で相反する感情は日本のケースでも明らかになっている。▼40 したがって、文化的・社会的背景の違いはあるとはいえ、これらの研究結果は日本にも共通する点が多いことを示唆している。

5　アメリカにおける性犯罪加害者家族に向けた支援

　現在アメリカでは、政府主導のものから民間主導のものまで、い

40　鈴木伸元『加害者家族』（幻冬舎、2010年）。

ろいろな方向から性犯罪加害者家族のサポートが行われているが、ここではアメリカで特に事例も多く研究も比較的よくなされている、近親者が加害者である児童虐待を例にとって性犯罪加害者家族の支援を見ていく。ストランド(Strand)によれば、まずはソーシャルワーカーやセラピストが自身の偏見を取り払い、家族の精神状態を適切に判断することが最も重要であるという。たとえば、「受け身で無能、子どもをないがしろにしている」といった被害者の母親像(あるいは加害者の妻への見方)を、「打ち負かされていて、子どもを守るすべがなく怯えている」といった母親(妻)に寄り添うような見方に変えることが重要であると述べている。よって、母親個人に対する治療においては、加害者である配偶者と被害者である子どもの間で相反し、揺れ動く感情を尊重すべきだとしている。[41]母親が自己の複雑な感情と向き合うことを臨床医がサポートすることによって、子どもの保護と配偶者やパートナーとの将来という難しい二つの問題を整理し冷静に考えることができるからである。

犯罪が起こったときに加害者家族が対面する最も大きな問題の一つに、他の家族へ犯罪の事実を伝えるか否かの判断がある。[42]欧米では、家族が犯罪を犯したことの開示は、たとえ相手が子どもであろうとなされるべきであるとの意見が大半である。研究によれば、事実を隠すことやねじ曲げて伝えることはその後の子どもの情緒的、認知行動的な適応プロセスに悪影響をおよぼすうえに、大半の場合、子ども自身が事実をすでに探り当てている場合が多いという。[43][44][45]性犯

---

41 Strand, Virginia C. 2000. *Treating Secondary Victims: Intervention with the Nonoffending Mother in the Incest Family*. Thousand Oaks, CA: SAGE Publications.
42 Fishman, Laura T. 1990. *Women at the Wall: A Study of Prisoners' Wives Doing Time on the Outside*. First Edition. Albany, NY: State University of New York Press.
43 Fishman, Susan Hoffman and Candace J. M. Cassin. 1981. *Services for Families of Offenders: An Overview*. Washington, DC: National Institute of Corrections.
44 Lowenstein, Ariela. 1986. "Temporary Single Parenthood: The Case of Prisoners' Families." *Family Relations* 35(1):79–85.
45 前掲註13。

罪の場合も同様に、特にファミリーカウセリングにおいてこの問題は避けて通ることができない。しかし、デブリンガーとヘフリン（Deblinger and Heflin）は、犯罪が起こったという事実について家族同士が語り合い、疑問を投げかけ、自由に感情を表すことを奨励すると同時に、このプロセスは第三者の手を借りて徐々に行われるべきであるとしている。不必要に感情を煽ったり、家族同士が加害者に対して違う考えを持つことを認めないなど、情報開示が間違った方法で行われると、問題をシェアするどころか治療の妨げにつながるおそれがあるからである。また、ソーシャルワーカーや臨床心理士などが、親の心理状態などに照らして、この開示のタイミングを上手く見極めることも非常に重要だとしている。[46]

　性犯罪加害者家族の治療の現場では、医療機関、司法機関、児童相談所などの垣根を超えた協力が必要不可欠だが、アメリカでもこれはなかなか困難であるという。[47]そこで上記の専門家の手によって行われる治療とはまた違ったアングルからサポートを行うのが、セルフ・ヘルプ（自助）による回復プログラムである。セルフ・ヘルプとは、当事者自身が似たような境遇を持つ者と互いに思いや考えを交換することによって自己の経験を正常化し、相互協力の関係を築きあげることである。[48]こういったサポート団体はアルコホーリクス・アノニマスやナルコティクス・アノニマスなどの、依存症に関連するセルフ・ヘルプ・グループから着想を得ていることが多く、12ステップ[49]などを基礎にあくまで罪を犯した当事者を自分とは別の一個

---

46 Deblinger, Esther and Anne Hope Heflin. 1996. *Treating Sexually Abused Children and Their Nonoffending Parents: A Cognitive Behavioral Approach.* Thousand Oaks, CA: SAGE Publications.
47 前掲註41。
48 Carlson, Bonnie E. and Neil Cervera. 1992. *Inmates and Their Wives: Incarceration and Family Life.* Westport, CT: Greenwood Press.
49 12ステップとは、自分の行動が自分自身でコントロールできなくなったことを認め、同じ問題を抱える者同士が助け合うことで回復の道を探るプログラムであり、それに基づいた相互援助のモデルである。アメリカで開発され、もともとはアルコール依存症回復のためのプログラムであったが、現在さまざまな嗜癖や社会問題（虐待、共依存、アダルトチルドレンなど）に

人として捉え、適切な距離を保ちながら自身の回復からまず行っていくというアプローチが多いようである。

　また、アメリカでは性犯罪に特化せず、受刑という観点からの家族の支援も盛んである。ニューヨークに拠点を構えるプリズナーズ・ファミリー・アノニマスは、1970年代から続く受刑者を家族に持つ人々の集まりである。月一度開かれるミーティングは、自発的に学ぶこと、人をありのまま受け入れること、他人や自分をこき下ろさないこと、完璧な答えを求めないこと、といったルールを尊重しながら互いの経験や思いを語り合う、守られた場所である。[50]これ以外にも、受刑者の妻のサポートに特化したグループや、子どもを受刑者に持つ親のためのグループなど、加害者への関係性によってサポートグループが結成されることが多いようである。

　最後に、性犯罪における修復的司法（修復的正義とも呼ばれる）の可能性について述べておきたい。逮捕や裁判、受刑などの古典的な罪を罰する方法に頼らず、語り合いから加害者、被害者、家族や友人、そして地域住民全体の心理的な傷を癒やし、関係性を修復していく修復的司法であるが、アメリカの場合、性犯罪への適用は加害者が未成年の場合や、家庭内での虐待やドメスティックバイオレンスに限られてきた。加害者と被害者が一つの場に会することが多い修復的司法は、被害者の安全性を第一に考える支援者や研究者から敬遠されがちなためである。しかし、アリゾナ州で行われた最新の研究によると、修復的司法は性犯罪加害者が成人している場合でも、被害者の安全に考慮しつつ、従来の目的を達成することは十分に可能だということが判明している。[51]この州で実施されているRESTORE

応用されている。
[50] Prison Families Anonymous. 2015. "Group Ground Rules." Retrieved March 1, 2017 (http://www.pfa-li.com/page10.html).
[51] Koss, Mary P. 2014. "The RESTORE Program of Restorative Justice for Sex Crimes: Vision, Process, and Outcomes." *Journal of Interpersonal Violence* 29(9):1623–60.

というプログラムは、全米でも珍しい、成人によって起こされた性犯罪に特化した修復的司法であるが、プログラムの実施後被害者間におけるPTSDの診断率が82％から66％に減少したという。さらに、参加した被害者、加害者、その家族や友人、地域住民の90％以上が、安全な場所で、人々が公正さと協力的姿勢、尊敬の念を持って自分の語りに耳を傾けてくれたと実感し、自分があらかじめ予測していたこと以上の働きを求められることもなかったと報告した。加害者・被害者双方の心理検査などを含めた、事前の入念な下準備があって行われるこの会議型の修復的司法であるが、査定を行った研究者は、このプログラムの将来性を示すと同時に、修復的司法はいわゆるメディエーション（調停）とは区別されるべきであり、単に加害者から謝罪の言葉を引き出すことが目的ではないことを注意点としてあげている[52]。

　修復的司法の父と呼ばれるハワード・ゼアー（Howard Zehr）も、修復的司法とは必ずしも加害者と被害者の和解がゴールにあるものではなく、あくまでも犯罪に直接的あるいは間接的に影響を受けたすべての人の傷を認知したうえで癒し、そのニーズに関係者がそれぞれ責任を持って答えるものであるとしている[53]。それには決まったやり方やモデルなどは存在せず、各々のコミュニティの文化的、社会的、そして政治的背景に合ったやり方で柔軟に作り上げていくものである。したがって、日本でも、修復的司法が成人によって起こされた性犯罪に適応されることはもちろん可能である。将来的に、日本における司法システムや社会規範を十分に考慮に入れながら、加害者家族のみならず被害者家族と地域住民全体の、精神的、物理的、社会的、そして、経済的損失からの回復を視野に入れた効果的なプログラムの開発が期待される。

---

[52] 前掲註51。
[53] Zehr, Howard. 2002. *The Little Book of Restorative Justice*. New York: Good Books.

6 おわりに

　ここまでアメリカにおける性犯罪加害者家族の実態、それを取り巻く法律、そして支援の形について論じてきたが、アメリカはミーガン法の制定や、厳罰化に伴う受刑者の増大、司法システムと関係機関の協力体制の欠如など、加害者家族の処遇という点において、日本が反面教師とすべき点が多々存在する。しかし、犯罪とそれに伴う受刑者の数が日本と比べて傑出して高いアメリカでは、その研究と支援活動が急ピッチで進められると同時に、加害者家族の基本的人権を守るための市民運動も、草の根レベルで粘り強く行われてきた。実際に、2009年に発足しそれ以降年に1回テキサス州のダラスで開かれる「国際受刑者家族学会 (InterNational Prisoner's Family Conference)」では、アメリカを中心とした加害者・受刑者家族とその支援者、そして研究者と実務家が世界各国から集まり、情報交換を行っている。2012年にこの学会で提唱された「受刑者家族の権利の章典」には、司法関係者から一定の尊厳を持って扱われる権利、受刑者の処遇について知らされる権利、面会の際には誰もが平等な扱いを受ける権利、といった受刑者家族にとって保証されるべきさまざまな権利が提示されている。こういったアメリカや世界各国の加害者家族を取り巻くさまざまな環境を知ったうえで、短所から学び長所を取り入れ、今後の日本における性犯罪加害者家族の理解と支援、さらに人権運動の発展へ大いに役立てることがこれからの実務家、支援者、研究者に期待される。

（きた・まり）

海外ドラマ紹介②:『グッド・ワイフ』
――夫に裏切られた妻の苦悩

　日本では2010年から放送されている『グッド・ワイフ』は、『アリー my Love』とは打って変わって政治や法廷を舞台としたシリアスドラマだ。ジュリアナ・マルグリーズ (Julianna Margulies) 扮する主人公のアリシア・フロリック (Alicia Florrick) は州検事の妻で、数年間弁護士を務めた後、良き妻、良き母として家庭を守っていた。ところがある日、夫が公費で売春をしたとして逮捕されてしまう。アリシアは、家族を養っていくために、13年ぶりに弁護士に復帰する。

　浮気相手との生々しいベッドシーンは全米に流され、アリシアとその家族は一時的にスキャンダルの的となる。浮気相手の女性は、後にテレビ出演して州検事との性行為の一部始終を赤裸々に語り、その後、世間では「妻は不感症」などとアリシアに対して屈辱的な言葉まで囁かれるようになる。2人の子どもたちを育てていかなければならないアリシアは、世間から好奇の視線を向けられるなかでも隠れているわけにはいかない。嫌がらせを受けても毅然とした態度で仕事に向かうアリシアを応援する人々も出てくる。そして、弁護士としてさまざまな事件を解決し、夫の逮捕の背景にある政治的策略に挑んでいくことになる。

　夫の逮捕後、離婚をしないアリシアに対して、「私だったら刃物を持ち出すわ」と、ともに働く調査員カリンダ・シャルマ (Kalinda Sharma) が疑問を投げかける。アリシアは、「よその浮気を聞いたときは、自分もそう思っていたけど、実際自分がそうなるとただ戸惑うばかりで……」と答える。

　筆者はこれまで、夫が性犯罪を犯した妻たちからも同様の言葉

を何度か聞いた。他人に対しては何とでもコメントできるが、いざ自分の身に降りかかると、夫との関係をこれからどうしていけばよいのか、そう簡単に答えが出ないものだ。他人にとっては犯罪者でも、家族にとっては夫であり、自分の人生の一部でもあるのだ。裏切りがいくら許せない行為だとしても、夫をそう簡単に切り捨てられるわけではない。夫としては最低だと判断しても、子どもたちにとっては良い父親であったりもするのだ。夫を許せない自分もいれば、憎みきれない自分もいる。事件が進むにつれて、これまで隠されていた事実が明らかになることによって、その都度、夫への信頼や愛情が揺れる。

　アリシアには十代の息子と娘がいる。思春期真っ只中での父親のスキャンダルに、子どもたちは傷つきながらも乗り越え、成長していく。娘が学校で、自分と同じように父親が収監されているクラスメートと知り合い、刑務所の話で盛り上がるシーンも登場する。また、夫のスキャンダルをきっかけに離れていった友人の息子が殺人事件の犯人として逮捕され、その弁護をアリシアが引き受けるエピソードもある。州検事の妻から加害者家族となり、人間の裏表を嫌というほど見ることになるアリシア。見応えのある法廷サスペンスに加害者家族という視点も加えて見ていただきたい作品だ。

　美人で有能で人情味あふれるアリシア。完璧ともいえる女性だと思うが、それでも夫の欲望を満たしきれていない。『グッド・ワイフ』というタイトルにどこか皮肉を感じてしまう。良き妻は、つまらない女なのだろうか？　シーズンが進むにつれて、女性としてのアリシアの変化も見逃せない！　サブタイトルの「彼女の評決」。彼女は良き妻であり続けるのか。裏切った夫への判決は？ 妻が下す判決は、裁判官より重いかもしれない……。

阿部恭子

第3部

性犯罪加害者家族支援と刑事弁護

第1章
捜査段階における加害者家族支援

鈴木絢子（弁護士）
阿部恭子（NPO法人World Open Heart理事長）

1　はじめに

　本件は、人口の少ない東北地方の小さな町で起きた性犯罪である。事件は全国報道されるような社会的な事件とはならなかったものの、地元紙に逮捕記事が掲載され、事件はすぐに地域の人々の知るところとなった。異常ともいえる犯行の手口は、インターネット上で話題を呼ぶとともに、卑劣な犯行に憤る人々の矛先は加害者の両親に向けられる。周囲からの嫌がらせによって仕事を続けることができなくなり、地域の中で孤立していった。
　余罪が発覚し、逮捕が繰り返される中で、我が子による異常な犯行が明らかとなるにつれて、加害者の両親は、まだ若い息子の将来を絶望視する。村八分にされ、息子の更生の目処が立たないなかで、罪責感と子どもの将来を悲観し、一家心中しかねないような危機的な状況に追い込まれていた。
　近年、NPO法人World Open Heart（以下、WOH）では弁護人からの協力依頼も増えているが、大きく報道されたケース以外は、加害者家族への支援は見過ごされがちである。本章は、性犯罪について、逮捕から判決確定までの弁護人との協働支援が家族への長期的支援においてどのような意味を持つのか検討することとする。

2 事例①
—— 被疑者の家族との関わりから明らかとなったこと

(1) 事件の概要

＜当初の被疑事実＞

　被疑者は20代男性（既婚）。当時は女性と同棲生活を送っていた。逮捕・勾留により派遣社員として勤務していた職場は解雇となった。

　被疑者は当初、被害女性の自宅アパートに侵入し、女性用下着等を窃取したという住居侵入窃盗で逮捕・勾留された。この時は、弁護人である私も「単なる下着泥棒かな」という程度の認識で、弁護活動を進めていた。

＜再逮捕された被疑事実＞

　被疑者は、上記女性に対し、被害女性の自宅アパート付近の路上で着衣の上から手で乳房および臀部を掴んだ強制わいせつと、上記女性をスマートフォンで動画撮影する目的で被害女性の自宅アパートの居室ベランダに侵入したという住居侵入で再逮捕・再勾留された。被告人が強制わいせつで再逮捕され、わいせつ性や悪質性も高く、このままだと実刑のおそれも懸念された。

＜起訴罪名＞

　被害女性の自宅アパートに侵入し、女性用下着などを窃取したという住居侵入窃盗3件と、上記女性をスマートフォンで動画撮影する目的で被害女性の自宅アパートの居室ベランダに侵入したという住居侵入1件で起訴された。

　上記強制わいせつについては、被害女性と示談が成立したため、告訴取下げにより不起訴となった（住居侵入および窃盗も含めての示談で

はあったものの、そちらは起訴されてしまった）。

　公判のなかで、被告人の被害女性に対する歪んだ好意やわいせつ性が明らかになった。被告人は、過去に被害女性の居室の隣に居住していたことがあり、その際、被害女性に対する一方的な好意を抱き、集音マイクを使用して壁越しに被害女性の性交時の声などを録音したり、ドアスコープや郵便受けを開けて室内を覗いたりしていた。その後、被害女性のアパートの居室内に複数回侵入し、洗濯機内から下着やストッキングを窃取した。また、被告人は、被害女性方のベランダに侵入し露出行為をし、犯行の一部始終を動画撮影し、動画をメッセージアプリのグループに掲示した。

＜求刑＞
　検察官による求刑は懲役1年6月。判決は懲役1年6月執行猶予3年であった。

(2)　加害者家族支援につながった経緯

　被告人には同棲している女性がいたが、事件後、被告人と面会し事件の処理をになったのは、被告人の両親だった。
　強制わいせつの示談が成立するまでは、被告人の実母から電話やメールで頻繁に連絡がきており、弁護人としても対応に苦労したところがあった。
　被告人の母親から、「精神的に辛いのでカウンセリングを受けられるところはないか」という旨の問い合わせがあり、インターネットで調べたところ、WOHのホームページを見つけた。WOHには、仙台弁護士会から3名の弁護士が参加していることがわかり、安心して家族に紹介することができた。

(3) 情状弁護の観点からの考察

強制わいせつ罪が示談成立により不起訴になったため、住居侵入罪および窃盗罪のみでの起訴となった。被告人には過去の前科・前歴はなかったため、量刑の相場から見れば少なくとも執行猶予になるだろうとは予想されたところであった。

性犯罪の場合、女性が顔を晒して法廷で証言するのは、性のことにも触れなければならないこともあり、屈辱感は強いかと思われる。情状証人を父親と母親のどちらにするかという判断において、検察官や裁判官から性的なことや理不尽なことを聞かれる可能性があることを説明し、情状証人は父親が引き受けることとなった。

被告人の両親が加害者家族支援を受けていることは、情状証人である父親に尋問の際に話してもらい、弁論でも触れた。どこまで量刑に考慮されたのかは不明であるが、WOH理事長阿部恭子氏による被疑者本人への支援も行われていたことから、被告人自身、そして、家族全員が、一丸となって更生に向けた環境を作っていきたいという思いを共有できており、社会復帰に向けた環境調整は順調と思われた。

情状弁護としてどのようなものを考えるのかということについては、弁護人によって多様な考えがあると思うが、必ずしも被告人の量刑には反映されなくとも、社会復帰後の更生や再犯を防止するという意味において加害者家族支援はとても大きい役割を果たしてもらえたのではないかと思う。

(4) 課題

本件のみならず、筆者のこれまでの刑事弁護の経験も含めて、弁護人としての立場から自分なりに加害者家族支援の課題だと考える

点を述べる。

　刑事事件の背景には、性犯罪や、いわゆる迷惑行為防止条例違反やストーカー、ひいては出会い系サイトや不倫関係のトラブルがあることが少なくない。大抵の場合、被疑者は男性であり、結婚していて配偶者や子どもがいることも多い。そして、被疑者である男性の側から配偶者に対して、あまり率先して被疑事件の動機や背景の部分を伝えたがらないことが多く、本音を言えば隠し通してほしいという人も多い。加えて、被疑者である男性の方は、配偶者との離婚や別居をなんとか阻止したいと考えている傾向にあるように思う（弁護人から見ても身勝手な言い分であることは否定できないが）。

　他方、配偶者の側は、寝耳に水で夫が刑事事件を起こして逮捕・勾留され、どうしてこんなことになったのかよくわからないまま、夫が仕事も解雇になるかもしれず、精神的にも経済的にも不安定な状況に追い込まれてしまう。

　弁護人としては、守秘義務があるために被疑事件の動機や背景について配偶者に伝えられない一方、環境調整として配偶者との夫婦関係の修復（まではいかなくとも、完全に破綻をすることのないように調整）を要求されることになる。過去には、筆者が女性弁護士であり、配偶者と事務連絡などで連絡を取るうちに、「話しやすい」雰囲気ができてしまい、離婚の相談（まではいかなくとも夫婦関係についての悩み相談）を受けるようになり、板挟みになり大変困った経験をした。刑事事件の内容を知りうる弁護士は私だけであり、配偶者が他の弁護士に法律相談に行くにしてもまた改めて刑事事件のことを一から話さなければいけないことは、性犯罪であればなおさらのこと配偶者にとっては心理的負担が大きいに違いない。

　弁護人の守秘義務という観点からのみ考えるならば、被疑者の動機や事件背景の部分は配偶者には一切伝えずに、配偶者に身元引受人や情状証人を頼むにとどめればよいのかもしれない。しかし、そ

ういった弁護人の対応は、情報を伝えられない家族にとって弁護人自身への不信だけではなく、夫である被告人への不信にもつながりかねない。そうした不信の連鎖は、今後の被告人の更生や、家族関係に良い影響を与えるのかどうか大いに疑問である。

　事件の背景で揺れ動く家族関係という極めてセンシティブな部分について、加害者家族支援で配偶者などに寄り添った支援が受けられるならば、弁護人としても大変心強いと考える。

3　母親を中心とした性犯罪加害者家族へのアプローチ

(1)　捜査（被疑者）段階の支援

＜事件による衝撃の緩和＞

　弁護人からの紹介を受けて、WOHに相談に訪れたのは、被疑者の母親だった。被疑者に前科・前歴はなく、何の問題もなく育っていた息子による突然の犯行に、事実を直視することができずに取り乱していた。内容が性犯罪であったことから、母親として受けた屈辱や衝撃は大きく、「死にたい」という言葉を何度も口にしていた。

　最大の衝撃は実名報道であり、再逮捕が続くたびに事件がニュースになるかもしれないという不安に怯えていた。

　WOHには同じ悩みを持つ加害者家族が多くいることと刑事手続の流れのなかで家族が考えていくべきことを一通り説明していくにつれて、落ち着きを取り戻してきた。

＜示談への協力について＞

　被疑者はまだ安定した収入を得ていなかったことから、被害弁償や示談金の支払いに関しては家族の協力が必要な状況にあった。家

族は経済的に余裕があるわけではなく、示談への協力は義務ではない旨を伝えたが、家族としてできる限り協力するという意向だった。本人に責任を取らせるためにも、あくまで立て替えるということで、社会復帰後に返してもらうという条件で援助すべきことを伝えた。

(2) 公判（被告人）段階の支援

＜家族病理の可能性＞

事件の処理については全面的に両親が担っており、同棲している女性の存在感が非常に薄かった。その女性が受けたであろう精神的苦痛も計り知れないと思われたが、被疑者と距離を置く様子がなかったことはやや不自然に思われた。

母親はやや過干渉であり、そうした対応は事件が起きた原因と無関係ではないと思われ、加害者である息子との関わりにおいて、適切な距離を取ることができるように、心理の専門家からの助言を受けることを勧めた。

＜裁判への協力＞

父親が情状証人として証言するにあたって、まず、被告人の更生を家族がどのように支えていくかという点について、家族が事件をどのように理解しているかを確認した。家族から犯罪者を出した結果に対して謝罪や弁償の協力をするだけでは、被告人の責任を肩代わりすることになり、同じ過ちを繰り返すことを家族が助長する可能性があることから、事件の原因についての理解は欠かせないことを伝えた。性については、家族であり男同士といえども共有しにくい問題であり、あまり家族が立ち入りすぎると被告人のプライバシーを侵害するおそれがある。家族だけでは限界があり、被告人と家族双方がそれぞれ専門家の援助を受けながら、被告人の更生を見

守っていく方向が望ましいということで、父親は家族としての問題の捉え方と今後の対応について証言を行った。

(3) 釈放後の支援

＜継続的支援の必要性＞

　本件によって家族が受けた衝撃と精神的苦痛は甚大であり、被告人が反省の意を示したとしても、家族にとって、裏切られたという思いはそう容易に消えるものではない。家族は再犯への不安から、釈放後の加害者に対して監視的になる傾向がある。元々過干渉であれば、さらに干渉が強まることが懸念される。再犯の恐怖による家族の監視的態度は、加害者にとってもストレスになるという悪循環を招く場合が少なくない。

　家族は、カウンセリングやピア・カウンセリング[1]のなかで、日常抱えている不安やストレスを吐き出すことで、加害者本人との適切な距離を調整するよう心がけることが、更生の支え手としての家族に求められることと思われた。

＜加害者本人へのアプローチ＞

　本件の加害者は、メッセージアプリのグループに犯行動画を投稿するなど、行為の違法性および異常性を認識できていなかった。今回の逮捕によって、それを認識し、さらに家族に多大な迷惑をかけ、仕事を失った経験は再犯抑止のための動機となりうる。初犯であるがゆえに、事態を軽く見ることなく事件の原因にアプローチし、家族の関わり方について再考することが求められた事例である。加害者は、仕事や職場におけるストレスの対処方法が

1　加害者家族へのピア・カウンセリングについては、阿部恭子編著・草場裕之監修『加害者家族支援の理論と実践――家族の回復と加害者の更生に向けて』（現代人文社、2015年）195〜204頁参照。

少なく、悩みを周囲に打ち明けることが難しい性格であった。加害者がストレスを抱えたときには過信することなく適切な専門家につながる環境ができたことは、家族支援を通した加害者の更生支援の成功事例といえる。

4 性犯罪事件における刑事弁護人との連携[2]

(1) 情状証人の意義

　性犯罪では特に、事件後、妻や恋人といったパートナーと加害者との関係は不安定な状態になりうる。逮捕直後は、事件の処理への協力に積極的だった家族が、余罪が見つかり、事件の全体像が見えてくるにつれて、事実に耐え切れなくなり、離婚を考え始める人々もいるからである。たとえ女性の弁護人であったとしても、事件の話をすること自体に耐えられないと話す女性も少なくない。

　家族が性犯罪に手を染めた事実によって、周囲から好奇の目を向けられる家族は屈辱的な思いを経験しており、パートナー以外の家族も同様に傷ついている。傷ついた経験を持つがゆえに、他責的になり、加害者のパートナーと血族の間で責任の押し付け合いや対立が起こることもある。

　情状証人を頼まれた加害者の妻が、判決確定までは離婚しないでほしいと弁護人から言われたケースも存在したが、こうした依頼は、個人の意志を尊重していないだけではなく、家族が更生の支え手として相応しいかどうか検討が不十分だといわざるをえな

2　阿部恭子編著・草場裕之監修『加害者家族支援の理論と実践——家族の回復と加害者の更生に向けて』(現代人文社、2015年) 85〜100頁をあわせて参照されたい。

い。

　近年、情状鑑定をした臨床心理士や加害者の更生支援に実際関わるソーシャルワーカーが情状証人として証言するケースも増えており、「情状証人イコール家族」というステレオタイプな選択は避けて、事件の背景に踏み込んだ分析から相応しい証人を選ぶべきではないだろうか。

(2) 家族病理の発見と理解に向けて

　痴漢や下着窃盗など繰り返される性犯罪の背景には、「依存症」がある場合が少なくない。近年、治療的司法の観点で、公判段階から被告人の依存症治療を視野に入れた弁護活動も多々見られるようになっているが、筆者が加害者家族支援者の立場で主張したいことは、依存症をも含めた「家族病理」への理解である。

　繰り返される犯行の背景に、示談金や被害弁償の支払いといった加害者本人の責任の肩代わりを家族が当然に引き受けてきた背景はないか。このような家族の「共依存」は、当該事件を早期に解決に導くことができたとしても、再犯を招く危険性があることに注意が必要である。

　示談金など被害回復に充てられる資金に関して、家族が支払う義務はなく、時間を要したとしても加害者に支払わせることが更生のためには最善であろう。しかし、性犯罪では、住居侵入された被害者がその家に住み続けることが困難になり、転居の費用など緊急の出費を要するケースも少なくない。家族としては、人として最低限の支払いをしたいという人々もおり、筆者はこうしたケースでは、必ずしも家族が支払うことが悪いことであるとは思わない。問題は、誰のために何のために経済的協力をするのかという点であり、弁護人には家族に協力を求める時点でよく話し

合っていただきたい問題である。

　犯罪によって明らかとなった家族病理を家族自身が認識し、行動を変えていくには時間を要する。弁護人が関わる期間で達成できるものではない。家族病理が疑われる場合、家族がこれまで良かれと思ってしてきたことの積み重ねが、犯行の要因になっていたという事実は、家族にとって子育てや家族生活を否定されるように感じることもあり、単に問題を指摘するだけでは反発を招くこともある。したがって、加害者家族との長期的な関係構築が必要であり、その点で、加害者家族支援団体や加害者家族支援の経験を要する心理の専門家との連携が有効である。

　依存症の理解とともに、家族の回復をも視野に入れた治療の方向性を打ち出し、判決確定後の更生環境にも配慮してもらうことは、情状弁護だけではなく、被告人の更生に資するものと考える。

（すずき・あやこ／あべ・きょうこ）

第2章
否認事件の家族

阿部恭子（NPO法人World Open Heart理事長）
監修：草場裕之（弁護士）

1 はじめに

　密室で起きた性犯罪は、立証が難しく、被害者が泣き寝入りしなければならないケースが存在する一方で、冤罪の可能性も否定できない。
　満員電車の中で、やってもいない痴漢行為で逮捕されてしまったという典型的な冤罪事件では、被疑者と加害者家族は一枚岩で戦っているケースが多い。本件で紹介する事例は、被疑者が犯行について覚えていないケースであるが、同意があったと認識していたケースであり、事件の真相がわからない家族は、被疑者を信じ切ることができず、家族としてどのように対応すればよいか複雑な状況に置かれる。
　本章では、加害者家族を中心とした性犯罪の否認事件の対応について検討してみたい。

2 事例②
――泥酔状態で覚えていないケース

(1) 身に覚えのない犯行
　被疑者A（30歳）は、会社の忘年会の帰り、午後10時30分頃、

数人の仲間と二次会に行くことにした。年末で街の中は人混みで溢れ、客引きが案内する店にとりあえず入ることになった。しばらく男性3人で飲んでいたが、同じ店にいた女性3人に声をかけて一緒に飲むことになった。あっという間に深夜を回り、終電はなくなっていたことから、それぞれ方向が同じ人とタクシーで帰ることになった。Aは、自宅が同じ方向の女性と2人でタクシーに乗ったがすぐに気分が悪くなり車を降りた。

　タクシーを降りるとすぐに、道端で嘔吐してしまった。吐いている後ろで、女性が背中をさすってくれていたことは覚えていた。Aは女性に導かれるままカラオケボックスに入り、ジュースを飲んで、何回か店のトイレで吐いていた。その後、ソファーに横になってそのまま眠ってしまった。気がつくと午前4時30分頃で、部屋には誰もいなかった。Aは、受付に行き利用料金を確認すると、たしかに2名での利用となっていた。

　Aは翌日、一緒にいた同僚に女性に迷惑をかけたことを詫びたいので連絡を取ってほしいと頼んだが、同僚も連絡先を知らず、連絡を取ることができなかった。Aは、二次会の店に入った頃からだいぶ酔っており、女性の特徴もよく思い出せなかった。

　Aが逮捕されたのは、3日後のことだった。カラオケボックス内で、女性の体を触り性行為を強要したとして強制わいせつ罪の疑いで逮捕された。

　Aは、警察から被害者の写真を見せられたが、女性にまったく見覚えはなかった。Aが強姦目的で被害者をカラオケボックスに連れ込んだのではないかと繰り返し尋問され、認めるまで同じ尋問が続けられる雰囲気であった。

　取調官から告げられた被害女性の訴えは、次のようなものだった。自宅までのタクシー代を持ち合わせていなくて困っていた被害女性は、タクシー乗り場にいたAから、数時間付き合えばタクシー代を

出すとカラオケボックスに誘われたのだという。午前2時頃、Aは、部屋の中で女性と2人きりになるなり、女性に抱きつき、スカートの中に手を入れるなどのわいせつ行為をした。被害者は、酔っているAが伸ばしてくる手を何度か振り払うなどして抵抗したが、Aの行為はだんだんとエスカレートしたことから強姦されるのではないかという恐怖を感じ、店を出たという。午前3時頃、迎えに来てほしいと連絡していた被害者の恋人が車で迎えに来た。被害者は、一部始終を恋人に打ち明け、翌日、2人で警察に行くことにしたという。

(2) 対応に困る家族

　事件を知らされたAの妻は、弁護士事務所に相談に行ったところ、弁護士から否認を続けると勾留が長引くことから会社を解雇されることも覚悟しなければならないと言われ、被害者と示談した方がよいという助言を受けた。Aの家庭は、子どもが生まれたばかりで、しばらく妻がフルタイムで勤務することは難しい。いま、夫に失業されては困ると生活を守ることしか考えられなくなっていた。

　夫が逮捕された日はすでに会社が休みに入っており、正月休みの間に示談が成立すれば、仕事に影響なく戻ってくることができると思った。妻のもとに夫の弁護人からの連絡はなく、困り果てた結果、警察に電話をしてできるだけ早く示談できないかと訴えていた。

　Aは、泥酔したとはいえ、強制わいせつ罪で逮捕されることに納得はいかず、認めるつもりはなかった。Aは知人を介してすぐに弁護士を依頼し、徹底的に争うつもりでなんとか黙秘を貫いていた

　Aの弁護人が調査したところ、被害者は二次会で一緒に飲んだ女性とは別の女性だった。二次会後、Aと一緒にタクシーに乗った女性は、Aが下りた後も車を降りず、1人で帰宅していた。被害者と

は、タクシーを降りた後から一緒になっていた。

カラオケボックスに入ったのは覚えているが、誰とどうやって店までたどり着いたのか、まったく思い出せなかった。取調官からは、「家族は早く家に戻って来てほしいと言っている」「示談を望んでいる」などと何度も聞かされたが、私選弁護人の助言通り、信用することはしなかった。

しかし、年が明けてすぐに面会に訪れた妻は、仕事を辞められては困ると、泣きながら早く示談するようにとAに何度も頼んだ。この瞬間から、Aは否認を貫くことができなくなった。

結局、Aは罪を認めた。被害者に200万円の示談金を支払い逮捕から10日後に釈放され、事件は不起訴となった。2日間の欠勤で済んだことから、逮捕の事実を会社側に知られることなく元の生活に戻っているが、Aとしては釈然としない結果となった。

(3) 事例②検討——加害者の利益と家族の利益の調整

本件は、強制わいせつ行為にあたるような行動がカラオケボックの防犯ビデオに撮影されている可能性があり、かつ、飲酒のために記憶が無いことだけで責任無能力（無罪）という主張が認められるわけではないことを考えるならば、示談するという方針は間違いではなかったかもしれない。一方で、被疑者が自分の認識や記憶と違うことを認めるにあたり、被疑者には釈然としないものが残った。仮に、このケースでビデオ等の証拠が存在しない場合には、冤罪を甘受したことになる。証拠との関係で、事実を認めることは致し方ないとしても、家族のために虚偽自白をせざるをえなかったと思うと、精神的には大きな傷が残ることになろう。

Aは、厳しい取り調べにもかかわらず否認を続けている最中、妻には無実を信じて協力してもらいたかった。それが、家族の生活の

ためにと示談を急かす妻に、自分の人権や正義が蔑ろにされたような落胆をおぼえたという。一方で、夫の収入に頼っている家族としては、勾留が長引くことによる失職を何としても避けたいと必死になったとしても無理はない。

本件は、弁護人が弁護方針について家族に説明する機会を欠いていたことから、被疑者と家族双方の事件に関する認識にズレがあり、感情の齟齬を来たすに至ったと思われる。刑事事件がどう進むにせよ、いずれは家族の協力を要することになる事案であり、早期に家族を含めた弁護方針が立てられれば、後の家族関係にしこりを残すことなく、なお被疑者の利益となったであろう。

3 事例③
――教え子とのトラブル

(1) 否認――「抱きついた」事実はない

スイミングスクールのコーチをしていた被疑者B（27歳）は、コーチである立場を利用し、被害者（17歳）に体を触るなどのわいせつ行為をしていたとして強制わいせつ罪で逮捕された。

Bが逮捕される1月以上前、被害者の保護者は、娘にわいせつ行為をしたことを認めて警察に出頭するようにとBの自宅を訪れた。Bは、そのような事実はないと伝え、謝罪をすることもコーチを辞することもしなかった。開き直ったようなBの態度に、保護者は怒りを露わにした。妻は、弁護士に相談に行くことを考えたが、Bはやましい事実はないので弁護士を依頼する必要はないと言い、そのまま時間が流れていた。

Bの妻にとって夫の逮捕は、予想していた最悪の事態だった。妻が警察署に面会に行くと、面会室に現れた夫から逮捕前の自信満々

な表情は消え、憔悴しきっているように見えた。被害者は、Bに抱きつかれ、身体を触るなどのわいせつ行為をされたと訴えているが、Bはそのような事実はないと否認を続けていた。

(2) 自白——「抱きしめた」ことは認める

　逮捕から一週間が過ぎた頃、妻は弁護人から夫が自白したことを告げられた。Bは、被害者に恋愛感情を抱いており、抱きついたのではなく、お互いに合意のうえで抱き合ったりキスをしたと供述した。保護者は、Bが罪を認め、今後二度と娘に近づかないことと、転居することを条件に300万円で示談に応じる方向だという。
　300万円という金額に、妻は頭を悩ませた。夫婦はそれぞれ、非常勤の仕事を掛け持ちしており経済的余裕はなかった。両親や親戚に協力を頼み込んでなんとか200万円を用意し、示談交渉が成立し、事件は不起訴となった。

(3) Bから語られた真相

　長身で逞しいBは、スイミングスクールで人気のコーチだった。Bが教室を担当するようになってから一気に生徒が増えていた。Bは人気コーチとして、子どもからお年寄りまでさまざまな時間帯のクラスを担当していた。バレンタインには、子どもの保護者や生徒から沢山のチョコレートをもらうほどだった。
　本件の被害者であるモエ（17歳）は、近所に住む女子高生だった。幼馴染のユカ（18歳）と一緒に週1回の夜間クラスに通っていた。モエとユカは、入学してまもなく、Bと親しくするようになった。教室の後、必ず2人はBのもとにやってきて、3人で食事に行くこともあった。積極的なのはユカで、モエはユカに付き合うような雰囲

気だった。

　Bが密かに気になったのはモエの方だった。ユカに比べると、常に遠慮がちだったが、Bが告白を受けたのはモエの方からだった。

　モエより一つ年上のユカは、大学受験で教室を休まなければならない時期があった。Bとモエの距離が近づいたのはこの時期だった。いつも3人でいた時間、2人きりになった。ある時、2人は抱き合いキスをした。同じようなことがその後も何度かあった。Bは、戸惑いながらも、気持ちを抑えることができなくなっていた。しかし、肉体関係に発展することはなかった。

　モエとユカの家は近所で、Bと2人で歩いているところを何度かユカに見られていた。モエは、親友のユカに、隠し事をしていることが耐えられなくなり、これまでのいきさつを話してしまった。

　ユカはモエの裏切りに腹を立て、物凄い剣幕でモエを罵倒した。モエは怯えながらBにいきさつを語った。そして、これ以上の関係を続けることはよくないからもう2人で会うことはやめようという結論に至った。

　Bのもとにもすぐにユカから連絡が入った。Bは、モエに対する恋愛感情を認めると、ユカは突然怒り出した。モエと2人で会うつもりはないと話しても怒りは収まることはなく、「あんたもモエも滅茶苦茶にしてやる！」と言い放ち去っていった。

　翌日、Bは上司から呼び出され、教室の中で特定の生徒を依怙贔屓していると他の生徒たちから苦情が出ていると注意された。その後、自分のクラスから他のクラスに移っていく生徒が続出し、人気コーチだった待遇は徐々に悪くなっていた。

　そして、モエの両親が突然自宅に訪れた。両親は、モエからBにわいせつ行為を強要されたと話していた。モエが通う高校では、モエが援助交際をしているといった噂が流れ、モエは学校に行ける状態ではなくなっていた。

Bは両親に、モエに会わせてほしいと頼んだが、聞き入れてはもらえなかった。それから、一カ月後の逮捕だった。
　Bは、コーチとして軽率だったことは反省しているが、モエが嫌がるようなことをしたつもりはない。取調の中で、モエだけでなく、ユカにも同様の行為をしていないか何度か聞かれたが、ユカには好意を抱いたことはなく、指一本触れたことはなかった。
　Bは、ユカが自分への復讐としてモエとその家族をたきつけて事件にしたと考えていた。プライドの高いユカにとって、自分より格下だと思っているモエに負けたことが悔しかったのだろう。

⑷　Bの妻

　Bの妻は、モエと夫の関係について、ユカからすべて事情を聞いていた。Bはまったく知らなかったが、ユカはこれまで何度も妻のもとを訪ねていた。友人がユカの通う高校の教師をしており、ユカは優等生で教師からも信用のある生徒であることを聞いていたことから、妻はユカを信頼していた。
　ユカの話によると、ユカはモエからBが好きだという相談を受けていたという。モエには虚言癖があり、男性に対してもだらしがなく、他にも交際している男性がいると話していた。親は離婚しており、家庭の中は不安定で、恋愛依存の傾向が強いという話だった。
　Bの逮捕後、ユカは、モエの母とは仲がよいので、示談を受け入れてもらえるように頼んでみると妻を慰めていた。妻にとって、この時、ユカだけが頼みの綱だった。300万円と言われた示談金だったが、精一杯の金額200万円で受け入れてもらえたことはユカのおかげだと思っていた。
　ユカは、大学生の交際相手がおり、一緒に自宅に来たこともあっ

たことから、Bに好意を抱いているという話を信じることはできなかった。妻は、Bがモエに騙されたことが事件の発端だと考えていた。

⑷　事例③検討——未成年との交際のリスク
　本件においてBは、「淫行条例」によって処罰される可能性がないとは言えず、モエは自分の意思に反して性的行為をされたと周囲の人に話している可能性は大きいといえ、強制わいせつ罪で処罰される危険性は極めて高いと思われた。モエが同意していないと主張するならば、強制わいせつ罪が生じる危険があるのであるから、モエの保護者と示談交渉を行い、刑事事件に発展しないように助言を受けるべきであった。Bは、未成年の女性の体に触れる行為をしていたにもかかわらず、やましいところはないと考えていたこと自体、性犯罪に対する認識を欠いており、認知の歪みがあると言わなければならない。
　Bの妻もまた、夫がモエに騙されたと考えており、夫を加害者ではなくむしろ被害者とみなし、怒りの矛先をモエに向けていた。このように、事件の傷が癒えない時期において、加害者を庇い、自分にとって不都合な事実を排除しようとする心理は、時折、加害者家族に見られる。こうした加害者家族による加害行為の正当化については、自らその過ちに気がついてもらうのを待つほかない。ピア・カウンセリングへの参加を促すことや、信頼関係の構築を待って問題提起することによって、気づきを得る機会を作ることができるであろう。

4 おわりに
——否認事件の家族のケア

　事件の進捗状況が見えにくい否認事件では、加害者家族は先が見えない不安にさいなまれる。家族としては、被疑者のためにできる限りのことをしたいと行動することは当然であるが、弁護人が被疑者の利益を第一に弁護活動するように、加害者家族支援者は家族の利益を第一として活動しなければならない。事件が大きければ大きいほど、否応なしに家族も巻き込まれることから、事件と家族生活を完全に切り離して考えることは容易ではない。しかしながら、事件への助言を求める加害者家族に対して、家族がいかに事件に引き摺られることなく日常生活を送ることができるのかといった視点から、家族としてすべきことを考える姿勢を忘れてはならない。

（あべ・きょうこ）

第3章
少年事件と家族

阿部恭子（NPO法人World Open Heart）
監修：草場裕之（弁護士）

1 はじめに

　少年事件に関わる実務家の間では、家族の更生の支え手としての側面ばかりが強調され、加害者家族としての被害者性に焦点が当てられることは少なかった。しかし、少年事件は、家族が生活する地域で起きている場合が多く、事件後、地域や被害者との関係悪化により、家族は転居を余儀なくされているケースが少なくない。さらに、示談金や被害弁償などによる経済的負担、被害者への謝罪、加害者の兄弟のケアなど保護者が直面する課題は多く、事件と向き合う余裕すら生まれない状況まで追いつめられることもある。
　本章では、少年による性犯罪の事例を基に社会から厳しい批判に晒され、家族の生活の維持と少年の更生の役割を社会がどのように支援していけばよいのかを検討する。

2 事例④
―― 地域からの排除

(1) 事件の発覚

　16歳のCは、滑り止めとして受験していた高校入試に失敗して

しまったことから、確実に合格できるようにとかなりランクを落とした高校に入学することになった。しかし、高校に馴染めず、入学後すぐに不登校になった。

　近所に住む後輩の中学生に路上で抱きつき、強姦未遂罪で逮捕されたのは、17歳の時である。Cは、他にも近所で下着泥棒や児童への痴漢行為を繰り返しており、住居侵入罪、窃盗罪や強制わいせつ罪の余罪が見つかり逮捕が続いた。

　優等生だったCによるまさかの犯行に、家族は計り知れない衝撃を受けた。犯行はすべて近所で起きており、被害者からは転居の要望が出た。Cには弟と妹がおり、いずれも近所の中学校に通っていた。Cの保護者である両親は、兄弟が転校したくないと言っていることに加えて、自宅は購入したばかりであることから経済的にも転居は避けたかった。

　Cの両親は、事件を起こす前からひきこもりだったCに手を焼いており、今回の事件が起きたことで、息子に対し、家族としての限界を感じるようになっていた。

　Cの両親は、被害者側の転居要求に対して、Cが少年院を出た後は、東京の祖父母の自宅に預けて病院に通わせることを約束し、転居については見送ってもらうことになった。それゆえ、Cを自宅に引き取ることができた。

　自宅に侵入された被害者の中には、1人暮らしの女性もおり、転居の費用を請求されるなど、示談金として700万円ほどの支払いとなった。

　子どもたちの進学のことを考えても、父親の稼ぎだけに頼ることは厳しく、専業主婦だった母親も働かなくてはならないと考えていたが、外出することが恐怖になり、買い物すら困難な状況になっていた。

(2) 兄弟へのいじめ

　事件の被害者の中には、Cの弟と妹が通う中学校の生徒もいた。ある日、被害者の生徒がCの弟を学校で見かけたところ、Cにそっくりな風貌であることから、事件を思い出しパニックになったという事件が起きた。

　この事件をきっかけとして、Cの兄弟が通う中学校にはCの噂が広まってしまった。Cの弟は、女子生徒から避けられたり、集団で悪口を言われるようになった。妹は、事件の噂が流れた次の日から恥ずかしくて学校に行くことができなくなった。

　妹が引きこもるようになってから、Cの両親は学校に相談に行ったが、学校側としては被害者のケアで精一杯であり、加害者の兄弟までケアする余裕はないと突き放され、教頭からは転校を進められた。

　Cは、兄弟の通う中学校付近でうろついたり、女子生徒に声をかけたりしている姿を生徒から目撃されており、以前から奇妙な人物であると噂になっていたという。Cの弟は、容姿がCに似ており、Cと間違えられることがたびたびあった。保護者の一部からは、加害者家族と一緒に子どもを学ばせたくないといった苦情が学校に寄せられ、学校としても対応に苦慮していた。

　Cの弟へのいじめや嫌がらせもエスカレートし、結局弟も不登校になってしまった。Cの両親は、転居する決意をし、東京の祖父母の自宅近くに転居した。それでも転居後、兄弟は新しい学校になかなか馴染めず、高校進学も控えており、家族としては落ち着かない生活が続いた。

　Cは、1年6カ月の少年院送致となった。Cの両親は、逮捕直後から一貫して家族が面倒を見ることは不可能であり、できる限りの長期間、Cを少年院に収容してほしいと訴え続けていた。家

第3章　少年事件の家族

族は、事件の衝撃と生活の変化によるストレスが大きすぎて、Cと向き合う精神的余裕が持てない状況にある。

3 検討

(1) 被害者的側面へのアプローチ

　本件では、幼い子どもたちが被害者となっており、被害者や地域住民の加害少年に対する怒りは強く、加害少年が地域に戻って来て再び犯罪を起こすのではないかという不安の声が上がり、加害者家族は転居を余儀なくされた。

　加害少年の保護者は、少年が不登校になっていた時期にカウンセラーに相談をしており、事件後の対応についても近くのフリースクールにも相談をしていた。Cは、逮捕の直前までフリースクールに通っていたが、逮捕後、Cの母親は担当者に事件のことを話すと、そのフリースクールに通う子どもの多くはいじめや暴力を受けてきた背景があり、加害少年については受け入れられないと利用を断られてしまった。相談をしていたカウンセラーからも、事件については経験がないので対応できないと言われていた。事件を知った人々は、Cの家族と距離を置くようになり、Cの家族は、徐々に地域から孤立していった。

　Cの家族は皆、日々、周囲から白い目で見られ、多額の出費により生活も厳しくなった。すべてに余裕のない状況で、事件を起したCを憎いとさえ思うようになっていた。付添人は、家族の苦しみに耳を傾ける姿勢はなく、家族の限界を訴えても、「親なんだから、支えてあげてください」「見放さないでください」と繰り返すばかりだった。

　Cの家族は、Cにできるだけ重い処分が科せられることを強く

主張しており、Cの状況になんとか注意を向けさせようとする付添人としばしば対立していた。事件を起こしたCも、苦しい思いを抱え、どこかに救いを求めていたことは想像に難くない。しかし、家族の生活がある程度安定しない限り、家族が事件と向き合い、更生の支え手となることは不可能である。こうしたケースでは、直接的に家族に少年の援助を頼むより、家族の生活の負担を軽減することで家族の精神的な余裕を引き出し、更生の支え手としての可能性を見出すことができると考える。

WOHでは、家族の話を数カ月にわたって丁寧に聞き、信頼関係を構築した後に、加害少年にもアプローチをし、少年を専門医につなぐことができた。少しずつ、少年の更生の可能性が見えてくる過程で、家族にも精神的余裕が戻り、母親はアルバイトを始めるなど家族の生活が動き出してきた。その頃から、両親はようやく少年がなぜ事件を起したのかという原因に関心を向けるようになった。Cの家族は、教育には厳しい家庭で、Cにとって高校受験は大きなストレスとなっていたことがわかった。

(2) 加害者の兄弟のケアの必要性

本件では、事件の被害者と加害者の兄弟が同じ中学校の生徒であった。校内で事件が起きることもあり、加害者家族と被害者が同じ学校に通っているというケースも決して稀ではない。学校側としては、被害者と加害者家族双方のケアを担ってほしいところであるが、現場の認識は明らかに「加害者家族」という視点に欠けているのが現状である。

本件では、被害少女が、加害者とよく似た兄弟が同じ学校にいることを知りパニックを起こしていることから、被害少女への手厚い心理的支援が必要である。事件による傷の回復によって、事

件を連想させる人物や物事への恐怖が緩和する可能性もあるからである。本件において学校側は、事件が知られてしまったことによる羞恥心から不登校になってしまった妹も放置されたままであり、こうした事件の二次被害に対して、加害者の兄弟が学校を去ることことによって問題の解決を図った。しかし、中には転居が不可能な家族も存在することから教育を受ける権利を保障するために被害者のみならず加害者側の子どもを含めた支援体制を考えておく必要がある。

4 おわりに
——犯罪に巻き込まれた子どもたちのケア

2004年に犯罪被害者等基本法が制定されたことにより、学校においても、被害児童や生徒に対する支援のあり方が検討されるようになった。スクールカウンセラーやスクールソーシャルワーカーも研修を受けるようになり、犯罪被害者の子どもたちへの認識は高まっている。一方で、制度の支援からこぼれている加害者側の子どもたちは、いじめや嫌がらせを受けていても放置されていたり、対応を後回しにされている事態に対して、疑問の声さえ上がらないのが現状である。

「加害者家族の子どもたち」の現状について、社会における問題共有が不十分である。教育現場だけではなく民間団体の子ども支援の現場においても、加害者家族の人権について、さらなる啓発が急務である。

（あべ・きょうこ）

第4章
被告人の更生と家族

阿部恭子（NPO法人World Open Heart理事長）
監修：草場裕之（弁護士）

1　はじめに

　性犯罪事件では、逮捕後、多数の余罪が出てくるケースが少なくない。加害者に犯罪という認識が欠けていた行為や、いつの間にか自分がコントロールできなくなり繰り返された行為、犯行の背景にトラウマが関係しているなど、犯行に至る原因はさまざまである。加害者が犯行を繰り返さないことと、家族が犯行を助長するような行動を取らないために、なぜ事件が起きたのか、その背景に迫ることは不可欠な作業である。しかしながら、性というデリケートな問題を介して、加害者と家族双方へアプローチするには、信頼関係を築きながらの丁寧な対応が必要であり時間を要するケースが多い。

　本章では、筆者が家族支援を通して被告人と面会や文通を重ねる中で事件の背景が見えてきた数例の事案を基に、被告人の更生と家族の役割について検討する。

2 事例⑤
―― 犯罪という認識がないケース

(1) 罪悪感のない被告人と擁護する母親

「胸揉んだだけなんですけど……」

警察署の面会室。困惑した様子で答える被告人に対して、後ろにいる立ち合いの警察官は、呆れた表情で「ほらね……」という視線を筆者に送った。

「軽く触れただけ」というならまだしも、「胸を揉んだだけ？」とは、これまで女性に対してどれだけのことをしてきたのかと思わざるをえない発言である。

被告人（39歳）は、飲食店で酒に酔った勢いで女性従業員に抱きつき、胸を触るなどして強制わいせつ罪で逮捕・起訴された。逮捕は初めてであったが、他の女性従業員もこれまで被告人から同様の強制わいせつ行為を受けており、店側からは困った客とみられていた。

相談に訪れたのは、被告人の母親である。母親は示談金として150万円を用意し、私選弁護人に示談を進めてもらっているが、被害者は示談を拒んでいた。

母親は、息子の実刑判決を避けたいがために、なんとか示談に漕ぎつける方法はないかと当団体（WOH）に情報を求めて訪れた。

事件が起きたのは、東北地方の漁師町。男たちの気性は荒く、DVが多いという噂もある地域だ。被告人は、飲み歩いてはホステスやコンパニオンに絡み、体を触るなどの行為を日常的に行っていた。被告人は、体を触る行為はお酒を出す店において必須のサービスであると考えており、悪いことだという認識がまったくなかった。

被害者は、東京から一時的に店に手伝いに来ていた20代の女性で、被告人に対しても、そうした行為を半ば許容しているような地域の雰囲気にも納得がいかず、示談を拒否しているという。
　筆者が、警察署で面会の手続をしていると、警察官が呟いた。

　お母さんよりもね、むしろ、奥さんが可哀想だと思うよ……

　弁護人もまた、被告人の母親に対してかなり手を焼いており、示談に応じようとしない被害者を責める言動は、被告人にとってよくないと考えていた。弁護人としては情状証人には妻をと考えているが、妻は精神的にだいぶまいっていることから協力を得られるか否かを心配していた。

(2) 性的支配に晒されてきた妻

　被告人の妻は、幼い子どもを連れて面談に訪れた。妻にとって、夫の逮捕はたしかにショックであったが、これまでも夫の女性問題で悩まされてきたことから、いつかはこのような事件になるのではという気持ちもあった。
　夫と知り合ったのは、20歳の時だった。交際後まもなく妊娠してしまい、結婚することになった。夫は優しいが、浪費家で、真面目に働こうとはしなかった。何度か会社経営を試みたが失敗し、現在も負債を抱えている。現在は、両親が経営する飲食店を夫婦で手伝っているが、夫はほとんど店に来ることはなく、パチンコに行ったり飲み歩く毎日だった。
　2人の間に子どもは3人。夫は頼んでも避妊をしてくれず、何度も中絶をしていた。これまで、愛人と思われる女性から養育費の請求がきたり、中絶費用を要求されたことがあった。こうした

トラブルについては、すべて母親が対応していたようだった。

妻は、夫の両親が経営する食堂で働いているが、店ではアルコールを出すこともあり、酔客から性的嫌がらせを受けることがしばしばあるという。体を触ってきたり、性的な言葉を口にする客に抵抗すると、「触られるうちが花なんだから、そのくらい我慢しなさい！」と被告人の母親からたしなめられていた。妻は何度も怖い思いをし、夫に助けを求めたが、まったく対応してはもらえなかった。

筆者が離婚の意志はないかと尋ねると、妻は泣きながら、「離婚したい」と訴えた。筆者はその後、妻にDVの支援団体を紹介した。

被告人の母からはその後相談はなく、被告人は懲役1年4カ月の実刑判決を受けた。

(3) 事例⑤検討——裁判を通した教育の必要性

＜裁判を通した教育の必要性＞

本件の犯行の背景には、被告人が育ってきた女性差別を許容する地域の環境が色濃く影響している。母親は、息子が路上を歩いている女性を襲ったわけではなく、被害者が水商売の女性であると強調し、体を触る程度の性的行為があたかもサービスの範囲であるようなことをいい、被告人を擁護する姿勢を崩さなかった。被告人の母親は、中学を卒業してからずっと飲食店に勤務しており、客からの性的嫌がらせは日常茶飯事のことで、犯罪行為にあたるという認識がまるでなかった。

1999年、男女共同参画基本法が施行され、セクシュアルハラスメント防止の研修が民間企業でも行われるようになってはいるが、被告人のように、こうした流れから取り残されている人々もまだ

少なくないのではないかと感じる。

　被告人のこれまでの人生の中で、ジェンダー教育に触れる機会は一度もなかった。被告人の話によれば、友人たちも同様の行為をしており、なぜ自分だけが逮捕されるのか納得できないと話していた。被告人が本件の逮捕を「運が悪かった」「相手が悪かった」と考え続ける限り、同じ過ちは繰り返されるであろう。このようなケースでは、被告人が刑事事件の中から学ぶほかはない。弁護人が、弁護活動の中で被告人の行為は犯罪であり、被害者がいかに不快な思いをしたのかについて熱心に伝える努力をした結果、逮捕直後から判決確定までに考え方に大きな変化が見られた。

＜DV被害者としての加害者家族＞
　ジェンダーバイアスが根強い地域に暮らす被告人の妻は、夫が起こした事件の責任を親族からも責められ、精神的に追いつめられていた。メディアスクラムのような見ず知らずの人々からの社会的制裁がなくても、親族や地域の人々から、妻としての監督責任を問われ、誰にも相談できずに苦しむ加害者家族も存在している。

　被告人は何度頼んでも避妊をしてくれず、妻は何度も妊娠させられており、このような夫の行為は暴力を伴わなくてもDVに該当する行為である。このような状況下にある加害者家族に対して、DV被害者という視点をあわせて支援をしていく必要がある。

＜差別的な加害者家族へのアプローチ＞
　本件の被告人の母のように、あからさまに女性差別の発言をする加害者家族もいれば、「被害者に非があったのではないか」「騒ぎすぎなのではないか」というような被害者に責任を押しつける発言をする加害者家族もいる。

こうした差別的発言に対して支援者は、発言は差別であって公の場で発言すべきではないことを伝えたうえで、支援者間の空間では否定したり肯定したりせずにまず受け止めることも必要である。差別的発言が、根深い女性差別を根拠に語られるものなのか、事件の衝撃によって他責的になっている心理状況から出ている言葉なのか、ケースによって異なるが、支援を求めている加害者家族のなかでは後者のケースが多い。加害者家族としての傷の回復とともにそうした発言もなくなっている。事件の衝撃で追いつめられている加害者家族の心理として、他責的になる傾向があり、その点を理解したうえで時間をかけたアプローチが必要である。

3　事例⑥
──性犯罪による現実逃避

(1)　エリート人生からの脱落

　被告人（30代）は、強制わいせつ致傷罪、住居侵入罪、窃盗罪で逮捕された。夜間に徘徊し、1人で歩いている女性の体を触ったり、鍵の空いている自宅を見つけて侵入し、下着を盗む行為を繰り返していた。

　被告人は、中学・高校と常に学年トップの優等生だった。有名大学を卒業し、一流企業に就職するものの、入社後、チームワークを基本とする仕事が上手くいかず、業績を上げることができずにいた。気がつけば、自分よりずっと学歴の低い人や遅くに入社した人がどんどん先に出世をしていた。被告人は、こうした状況に耐えられなくなり、退職した。

　その後、個人を基本とした職種が向いていると考え学校教員になった。しかし、教員となっても仕事の満足感を得ることができ

ず、これまで以上のストレスを抱えることになり、退職して塾講師をしていた。

　被告人は、教員をしていた頃、同僚だった妻と結婚した。教師として仕事のストレスを抱えるようになってから、その時期に交際していた恋人との関係が悪くなり、別れを告げられた。被告人は、その後すぐに教師を辞め転職を目指すことになる。2人の結婚は、被告人が再就職が決まらず誰かに頼りたかった時期と、経済的に安定を得た妻が結婚したかった時期が重なったことがきっかけだった。

　妻とは結婚後も仲が良く、趣味や旅行を楽しんでいた。しかし、被告人にとって友人だった妻を性的対象として見ることが難しく、性に関しては昔の恋人を思い出したり、ポルノで満たすことが多かった。

　性行為に際し、妻に口淫をしてほしいと頼んだが拒まれ、それから風俗店に通うようになった。妻には知られていないが、この時の風俗通いで借金をし、再就職後に少しずつ返済していた。

　風俗に通う金銭がなくなった頃から、通勤に電車を使うようにし、あえてラッシュ時の電車に乗り、女性の体と接触するようにした。電車内では、逮捕されることを怖れて、女性に触りたいという欲求を何とか抑えていた。

　路上での痴漢であれば、すぐに逃げられると考え、夜間に1人で歩いている女性を探すようになった。実際、女性のお尻を触って逃げたことは何度かあったが、逮捕されることはなかった。

　行動は、徐々にエスカレートした。1人で歩いている女性の後をつけ、自宅を特定したり、1人暮らしの女性が住んでいると思われるアパートを探すようになった。犯行後、自宅に帰り、犯行時を思い出して自慰行為をしたり、妻との性行為時に犯行を思い出し、性的満足を得るようになった。

被告人は、逮捕される半年ほど前から、対象者を１人の女性に絞るようになった。駅から１人で帰宅する女性の中に、元恋人に雰囲気の似た女性がいたからだ。女性の行動パターンを監視していたところ、帰宅後すぐにごみを出し、近くのコンビニに行くことがわかった。駐車場から監視していたところ、鍵をかけていないことがわかり、そのすきに女性宅に侵入し、下着を盗んで逃走した。その後、被告人は、同じ手口で女性宅へ侵入をしてたびたび下着を盗むようになった。
　逮捕直前、女性の体に触りたいという欲求が抑えられなくなり、女性宅へ侵入して女性の部屋で待ちかまえ、女性を押し倒し、胸や性器を触るなどして逃走した。
　被告人は、元恋人に似た女性を尾行していたときは、自分が最も輝いていた学生時代に戻ったような感覚だったと話した。社会人になってから自分の能力を発揮できる仕事に巡り合えず、妻の収入に頼らなくては生活できない状況になってしまった自分を情けないと思うようになった。
　夫婦の性生活は物足りないと感じていたが、妻には生活を支えてもらっているので、性生活においてまでいろいろと要求することは申し訳ないと考え、欲求不満を募らせていた。

(2)　妻の認識

　妻によると、夫の帰宅は午前零時を過ぎたことはなく、まさか夜間に女性を求めて徘徊をしているなど夢にも思ったことはなかった。性生活も普通にあったことから、夫が性的に欲求不満であると感じたことはなかった。夫はとにかく真面目で、シャイな印象しかなく、路上で見知らぬ女性の体に触るなど何度聞かされても想像することが難しかった。

夫はお酒が飲めず、煙草も吸わないことから、友人と飲みに行くようなことはほとんどなかった。趣味といえば読書くらいで、口数が多い方ではなく、ストレスを溜めやすい性格であることを心配していた。

　これまで隠されていた夫の歪んだ性的欲望に衝撃を受けたが、婚姻生活に不満があったわけではないので、離婚を考えることはできないという。

　被告人には、懲役5年の刑が下された。

(3)　事例⑥検討——家族の共依存

　被告人が犯行に至るまでの経緯を見ていくと、経済力の低下が大きな要因となっていた。一流企業に就職したばかりの頃は自信にあふれ、恋人との関係も良好だった。仕事で能力を発揮できないと感じ、転職を繰り返すうちに、給料は3分の1に減り、妻の援助がなくては生活できない状況に陥った。再就職先が決まらず、無収入の時期もあり、この期間に風俗の利用によって貯金を使い果たし、借金まで作ることになった。犯行に至るようになったのは、完全に経済力が尽きた後である。

　再犯しないために必要なことは何だと思うかという筆者からの質問に対し、被告人は、「元彼女とヨリを戻すか風俗に通うこと」と回答していた。被告人は、結婚以前に交際していた女性を理想の女性と考えているが、現実に再び交際することを望んでいるかといえば、「今のような自分の姿は見せたくない」と話している。

　本件の処理に奔走したのは被告人の妻である。示談金や私選弁護人の費用もすべて、妻が負担することになった。それにもかかわらず、被告人からは、家族に申し訳ないと考えている姿勢は見られず、妻も当然のことのように責任の肩代わりをしてしまって

いた。本件の背景には、夫婦間の共依存が大きく影響しており、被告人の受刑中、妻は性犯罪加害者家族の自助グループに参加し、家族病理と向き合っている。

4 事例⑦
―― 幼少期の被害体験

(1) 心を開かない被告人

　被告人（24歳）は、夜間に帰宅途中の10代の女性に刃物を近づけて脅し、抵抗できない状態にさせて強姦した。同じ手口で2人の女性が被害に遭っていた。

　犯行態様からは、凶暴な雰囲気の男性をイメージしたが、実際面会した被告人は、小柄でまだ幼さの残る少年だった。しかし、「女と話す気はない」「女は裏切る」などと言って、筆者との面会を許可するものの、悪態をついたり、母親の悪口を言うなど攻撃的な態度がしばらく続いた。

　それでも、面会終了時には必ず、また来てほしいような甘えた態度を取っていた。唯一の肉親である母親との面会は頑なに拒んでいたことが気掛かりであった。

　被告人は、犯行動機について、恋人と喧嘩別れしたことがきっかけで、女性と性行為がしたくて犯行に至ったと供述している。被害女性との面識はなく、1人で歩いている小柄な少女を狙って犯行に及んだ。被告人は、未成年の頃にも交際相手に暴力を振るって逮捕された前歴があった。

　当団体（WOH）に相談に訪れた母親は、被告人が幼い頃は、夫が真面目に働いていなかったことからとても貧しく、自分が働かなくては生活ができず、十分に面倒を見てあげられなかったことを

悔やんでいた。二度離婚をし、ようやく経済力のある男性と巡り合い、生活が安定したという。

　ようやく大きな家に住めるようになったにもかかわらず、自宅に帰ってこない被告人のことを心配していた。被害女性2人に対して、それぞれ300万円の示談金を夫が用意してくれていた。

(2)　義父からの虐待

　筆者は、すでに公判が始まった頃、被告人から犯行に至る重大な事実を聞かされることになった。被告人の情状証人として、母親が証言する方向で検討されていたが、被告人は母親と一緒に暮らすつもりはないと言って弁護人と揉めていた。

　なぜ、母親と暮らしたくないのか。被告人は泣きながら、母親への怒りの感情を露わにした。被告人は、10代初めの頃、義理の父親から性的虐待を受けていた。義理の父は、被告人を可愛がるふりをして体を触ったりズボンの中に手を入れることがあった。被告人が怒って抵抗するたびに暴力を振るわれた。母親は、「彼はあんたを可愛がってるんだから」と言い、反抗しないように釘を刺した。

　それでも被告人は、義理の父が来るとできる限り母親の影に隠れたり、家を離れたりして接触を避けるようにしていた。この態度に腹を立てた義理の父は、母親に対して一切の経済的援助を打ち切ると脅した。母親は被告人に「ご飯が食べたければ何を言われても父に従いなさい」と言って、性的虐待を黙認した。

　数カ月間、母親は住み込みで働くので帰ってこないと言われ、家では義理の父が被告人のすべてを管理し、性行為を条件として食事や外出が認められていた。時々顔を見せる母親が言うことは、「彼を悪者にしないでね。私たち生きていけなくなるよ」と義理の

父の犯行を口止めすることだった。

　こうした虐待は、被告人が中学を卒業して家を出るまで続いた。被告人は、母親に守ってもらえなかったことや子どもより裕福な生活を優先した母親が許せず、女性に対していつもどこか怒りの感情を抱いて生きてきた。それが、これまでの犯行に至った原因であると気がついたという。

　しかし、被告人の意志から、この体験は裁判で語られることはなかった。これまで心の奥底に押し込めてきた屈辱的な体験をようやく被告人は語り始めた。しばらくは被告人の話を丁寧に聞く必要があり、母親との関係修復や被害者感情を理解するまでにはさらなる時間を要すると思われた。

　被告人には、懲役９年の実刑判決が下された。

(3)　事例⑦について——虐待を放置してきた加害者家族

　被告人は、母親を性虐待の加害者の共犯者として捉えており、つらい体験をした被告人にとっては仕方のないことである。

　一方で、母親は貧しい家庭で育ち、十分な教育を受けることができず、男性に依存することしか選択肢がなく、搾取され続けてきた女性でもある。三度目の結婚で、ようやく暴力を振るわない男性と安定した生活をすることができるようになり、これまでのことを後悔し、なんとか息子の力になりたいと考えている。

　息子にとってはいまさら都合のいい話で、受け入れる余裕がないことも無理はないが、被告人の女性に対する怒りや支配欲は、母親に対して抱いてきた感情そのものであり、被告人が同じ過ちを繰り返さないという決意に至る過程には、母親を赦すという作業が不可欠となるであろう。母親は、過度に期待することなく、息子が心を開いてくれる日を待つほかない。

5 おわりに
──家族の回復と加害者の更生に向けて

　起訴から公判までの支援として、情状鑑定の実施は、判決確定後の家族と加害者の関係を考えるうえで、加害者家族支援の観点からも非常に重要な位置を占めている。当団体では、男性と女性2人の臨床心理士が鑑定を担当している。鑑定人は、その後も継続的に加害者と家族の心理的支援を行うケースもあり、鑑定結果を基にその後の支援計画を検討している。

　具体的な鑑定の内容および方法については、**第4部第1章**を参照されたい[→120頁]。

（あべ・きょうこ）

論点①：弁護人の性別
——性犯罪者の羞恥心

　刑事事件では特に、加害者家族から弁護士の情報を求められるにあたって「女性ではなく、できれば男性を」と頼まれることは少なくない。女性では警察や検察になめられるのではないか、といった偏見は根強く残っていると感じる。

　ある時、息子が下着泥棒をして、住居侵入罪と窃盗罪で逮捕された母親から、息子が国選の女性弁護士と相性が悪く、男性弁護士に依頼をしたいので紹介してもらえないかという相談があった。筆者は、一瞬、そうした女性への偏見が事件の原因になっているのではないかと疑った。

　後日、事情を確かめるべく面会に行ったところ、予想以上に小柄でナイーブそうな被疑者が、「誤解しないでください。別に、差別というわけじゃないんです……」と泣きながら訴えてきた。

　20代前半の被疑者は、これまで女性経験がなく、友人たちからからかわれていた。女性に対して常に奥手であり、好みの女性が現れてもなかなか交際まで辿り着くことができずにいた。アダルトビデオや風俗店の利用にも抵抗があり、今回の犯行に至った。

　取調べの中で、女性経験や性癖について聞かれることは苦痛だった。そして、さらに屈辱的だったのは、自分と同世代と思われる女性弁護人との接見だった。弁護人は、女性の下着への執着や自慰行為の頻度など、淡々とストレートに聞いてくるのだが、どうしても性別を意識してしまい、本音を話すことができなくなっていた。女性にこんなことを言っては軽蔑されるかもしれない、女性では理解できないことかもしれない……など、いろいろな不安が頭を巡り、言葉が出なくなってしまうのだ。

弁護人から厳しい口調で質問を受けることがあると、女性である弁護人に責められているように感じ、だんだんと顔を合わせること自体が苦痛になっていた。接見の後は、どうしても落ち込んでしまい食事も喉を通らなくなった。そして、本音を話すことができない弁護人とこのまま裁判を進めていけるのかどうか不安になっていた。

　その後、被疑者と同世代の男性弁護人が選任され、精神的負担が消えたとほっとした様子を伝えていた。

　社会的に破廉恥と思われる罪を犯した加害者であっても、自分の性を語るうえで羞恥心を伴うことは十分ありうるのだ。気が弱かったり、繊細な性犯罪者も数多く存在している。そこを踏まえたうえで、丁寧なアプローチを試みれば、女性弁護士であっても本音を引き出せた可能性がないとはいえない。

　性犯罪者の弁護にあたって、是非参考にしていただきたい事例である。

阿部恭子

第4部

性犯罪加害者家族の心理的支援

第1章
性犯罪加害者に対する情状鑑定の実際と加害者家族へのアプローチ

相澤雅彦（臨床心理士）

1 臨床心理士が情状鑑定を依頼されることの意義と効果

(1) 情状鑑定の目的と精神鑑定との異同

　性犯罪加害者に限定せずとも司法領域における心理学的な鑑定と聞くと精神科医が請け負う精神鑑定が想起されよう。精神鑑定が行われるのは犯行当時の被告人の責任能力の有無を確認することが目的となることが多く、意図的な犯意の有無や犯行時の明晰な判断能力の有無等を見立てることとなる。一方、情状鑑定は犯意自体は被告人が認めているが、本人をしてその動機が表面的であったり不明確であり、裁判に臨むに当たって犯行に至った経緯や要因を十分に説明できるように特定し、犯行に至った責任を説明し、再犯防止に対する具体的な対処方を本人の言葉で説明できるように支援することが求められることが多い。情状鑑定が臨床心理士に依頼されるケース自体が少ないが、あったとしても従来の精神鑑定に求められる期待や手続を踏襲し、被告人の犯行時の知的能力や責任能力を特定することに重きが置かれていることが多いようである。つまり、

どうして犯罪を犯したのか、その動機や背景を精査することが目的であり、今後の再犯防止にどのようにつなげていくかという視点から査定を求められることは少ないように思われる。

　上述のように鑑定といえば犯行当時の心理状態を査定することと捉えられることが多いが、筆者が鑑定の依頼を受けているNPO法人World Open Heart（以下、WOH）で取り組む情状鑑定の目的は再犯防止のための取り組みであるということが第一義的であると考えている。司法や心理の専門家も含め、鑑定という言葉を聞くと対象者に対して複数の心理検査を実施し、知的能力や心理的状態の査定を行い、査定を終えて鑑定書を提出すれば検査者と対象者との関わりも終了するものと捉えることが多いのではないであろうか。しかし、加害者の犯行時の状況やこれまでの生活歴などを明らかにすることはもちろん行うが、その目的は再犯防止のためであり、査定の終結は再犯防止への始まりと捉えて取り組んでいるところがWOHで行っている情状鑑定の特徴といえよう。被告人の逮捕勾留中に弁護士と家族を通じて情状鑑定の依頼を受けることが多いが、逮捕から裁判に至る心情が不安定にならざるをえない状況にあって、いかに本人が本人らしく自身の犯した罪の責任を持った証言をすることができるのか。犯行に至る動機や過程を十分に説明する責任をまっとうすることは、再犯防止に与する非常に重要な要素であると考えられる。

　しかし、被告人が自己保身であれ、投げやりな感情であれ、心情の不安定さを理由にその責任を放棄し、再犯の危険性が低減しなければ、被告人や被告人を支援する家族だけではなく、今後被害を受ける可能性を持った被害者への不利益となる。情状鑑定に求められる心理士としての態度は単に検査を実施する立場にとどまらず、初めて被告人と顔を合わせ、言葉を交わし始めた時点から加害当事者との心理臨床的な対人関係の構築をスタートさせているのだという意識で臨んでいる。情状鑑定においては先述の通り犯意については

本人が認めているので、情状酌量の観点からすればひたすら反省と自戒を述べることが求められよう。一方で再犯防止の観点からすれば犯行に至った状況や加害当事者特有の犯行に至るようなある意味悪い考え方や加害を正当化する言い訳を、偶然ではなく加害当事者の責任や選択であると理解していくことができるように促すことが情状鑑定時に求められる役割として重要であると考えられる。

(2) 情状鑑定の依頼を受ける際の留意点

　ここで、情状鑑定の依頼の受け方の特徴と再犯防止への影響との関連として特に留意している点に触れておく。一般的な心理査定は心理療法の一環としてそれを受ける本人が依頼することが多いが、情状鑑定の依頼は前述の通り本人の同意があるとはいえ、加害当事者を支える加害者家族から打診されることがほとんどである。加害当事者よりも加害者家族の意向が強く、加害当事者の再犯防止への意思が伴わない場合もある。加害当事者と加害者家族の関係性は加害当事者の行動全般に幅広く影響しているものと思われる。家族が加害当事者の社会生活の支援者として重要な存在であることに疑いはないが、一方で本人の自立、責任をとる態度を弱体化するような働きかけとなることも多く、結果として再犯防止を阻むことにもなりかねない。具体的な例としては両親が本人の意思よりも両親自身の不安を軽減するために示談に応じたり、経済的な支援をしたり、加害当事者と話し合わずに表面的な反省や再犯の意思がない旨を語らせようとすることなどが挙げられよう。加害者家族から依頼を受けた情状鑑定が、加害当事者の主体を奪うような道筋で実施されることのないよう、加害者家族および加害当事者に対する鑑定についての目的や手続の事前の説明を十分に行うことは重要である。鑑定の結果を家族に伝える際には、鑑定によって見立てた犯行時の心情

や動機だけではなく、加害当事者が家族に対してしてほしいこと、してほしくないことを鑑定の結果に基づいて整理して伝え、これまでの家族関係の悪循環と今後の対応について話し合うこととなる。本人の意思や希望を無視した関わりはないか、金銭的な支援の行き過ぎはないか、家族の日常生活の安全や安定がないがしろになってはいないかといった点についてである。加害当事者と加害者家族全体を対象として家族間に生じているコミュニケーションの行き違いを理解し、具体的な問題解決を促す包括的な支援に取り組むことは情状鑑定を窓口として可能となる非常に革新的で挑戦的なものであると考えている。

2 性犯罪加害者と関わることになった方へ

　本書を手にしようと考えた読者の立場はさまざまであろうと思われる。共通しているのは、加害当事者本人も含めて再犯が生じないために何ができるか、どのようにすればよいのかを少しでも知りたいということではないか。被害者に対する謝罪や賠償として何がなされるべきか。加害当事者とどのように接すればよいのか。性犯罪に対する被害者の心身への深刻な影響を思うと単純には割り切れない思いが生じるのではないか。犯罪の中でもとりわけ性犯罪という加害が人々の強い嫌悪感と怒りを賦活することが指摘されている[1]。本書を手に取られるであろう立場の違いを想定しながら、性犯罪者への情状鑑定を通して感じたこと、知っておいてほしいことを記したい。

1　朝比奈牧子「性犯罪者と心理療法」門本泉＝嶋田洋徳編著『性犯罪者への治療的・教育的アプローチ』（金剛出版、2017年）。

(1) 性犯罪加害者家族の方へ

　加害当事者は情状鑑定の依頼に際しては逮捕拘留されていたり、今後の裁判を控えていたりしており、直接鑑定の契約を結ぶことは少なく、加害者家族から依頼されることが一般的である。家族が性犯罪加害者となった場合、なんとかしなければと動くのは誰よりも母、もしくは妻であることが多いように思われる。加害内容が性犯罪であるときには被害者が女性であることが多く、母や妻にとっては、性加害当事者である実子や夫への思い入れと、被害者である女性への同一化という葛藤が同時に生じる可能性が高い。このような事態においては女性である母が本人を支援しようとする働きかけには限界が生じると思われる。母が実子の性というテーマを扱うことが困難な場合に、登場人物として役に立つのは父や身近な男性モデルである。しかし、父親が相談に訪れることは心理相談の分野では極めて稀であり、母や妻が支援に取り組まざるをえないことが多い。性犯罪加害者家族への影響として、母に女性としての傷つきを自覚して、性加害当事者との心理的、物理的距離をとること、父にこそ問題解決に取り組んでもらうことができるよう働きかけることが課題となろう。

　また、加害当事者との関係だけではなく家族関係全体の行き違いを見直すことが再犯防止に与することも少なくない。加害当事者が息子であり他に兄弟がいる場合には、兄弟間の葛藤により加害当事者に与えられる劣等感や優越感が性加害を後押しするリスクの一つとなっているケースも多い。夫が加害当事者の場合、子どもへの影響を何より考慮する必要がある。傷ついていても言語化することができない場合が多い。まずは日常生活の安全ができるだけ損なわれることがないように最大限の配慮をすることが求められよう。拘置所や刑務所への収監による社会生活の空白期間を他者にどのように

説明するかという懸念は、加害当事者の社会復帰を妨げる要因であるだけではなく、加害者家族が安心して地域で生活していくためにも重要な課題となろう。

(2) 性加害当事者へ

　心理士に何を依頼すればよいのかまったくわからないし、意義も感じられない、と思うかしれない。加害当事者が刑事責任を引き受けていく中心となる窓口は法律の専門家であろう。筆者が加害者家族や加害当事者の支援に関わり機会を持つきっかけは、法律の専門家が心理的な支援の必要性や有用性に関心を持ち、支援の依頼や協力を依頼されるようになったからである。加害当事者が犯意を認めたとしても、何が加害行動を後押ししていたのかを特定することが困難になると、往々にして直線的な原因探しと反省を促す働きかけをすることが多いのではないか。心理的な関わりが万能なわけではないが、加害当事者が性加害を行動化する危険因子を特定し、今後の再犯防止につながる対処法を具体的に検討することに与することができるのではないかと考えている。

(3) 法律家へ

　法律家もまた、心理士に何を依頼すればよいのかまったくわからないし、意義も感じられない、と思うかしれない。私も、即効果的にできることがあるのかはわからない。しかし、人の行動は工夫次第では変えられるし本人も変えたいと考えているはずです。犯意を認めたうえで、何が不適応行動を後押ししていたか。加害当事者が引き受けたくないと考えていた状況について、責任を引き受けていくこと。裁判で過失を説明できること。そのような過程をサポート

できたらと考えている。

(4) 心理士へ

　ここからは、情状鑑定を依頼された心理士を想定しての内容となる。心理の専門的用語が多くなることをご了承いただきたい。

＜心理検査について＞

　精神鑑定、情状鑑定のどちらにおいても文献を辿ると知能検査[2]、質問紙検査[3]、投影法心理検査[4]を複数組み合わせて実施されることが多い。いずれにせよ複数の心理検査を時間をかけて実施することが一般的なようである。知能検査は加害当事者の判断や行動への影響の有無、特定の事象へのこだわりの査定といった加害に影響のある要因を特定するために実施されることが望ましいと考えている。しかし、情状鑑定が実施される警察署や拘置所という限られた時間と面接状況においては知能検査の実施が困難な場合が多いのが実情と感じている。本人や家族から就学歴を聴取して、全般的な学力、得意・苦手な科目、突出した能力、特に苦手な課題、対人関係の持ち方の癖、特定の情報や対象へのこだわりの程度などからできる限りの推察をするようにしている。

　投影法心理検査は対象者の不安や葛藤に対する耐性や防衛の仕方を推測することができるという点で有用である。実施できることは望ましいが、筆者は、必ずしも必要とは考えていない。筆者が情状

2　知能検査とは対象者の全般的な知的能力の高低に加え、耳で聞いて言葉の理解をする能力と視覚的な刺激を処理する能力との差異を特定することができる検査である。
3　質問文を読んで、「はい」か「いいえ」で答える形式の検査。比較的簡便に意識的な状態が図れる一方、虚偽や社会的に望ましい回答を操作することができるデメリットがある。
4　絵を見て心の中に思い浮かんだ物語を作ってもらったり、絵を描いてもらったりして心情を把握する検査。無意識的な心理状態が把握できると考えられる。非検査者は何を測定されているのかわからないので、回答を操作することが困難である。

鑑定の依頼を受けるにあたっては警察署や拘置所において1時間程度の面接を2回程度行うことが多い。これは逮捕勾留中の加害当事者に対して実施できる面会時間と回数、裁判までに鑑定を実施し意見書を作成する時間に制約があるという現実的な要因の影響が大きい。

＜認知行動療法とリスクアセスメント＞

　限られた枠組みの中で加害者を理解し、再犯防止の対処法を特定するために認知行動療法[5]が挙げられよう。加害行動の前後の状況が行動の生起や維持にどのように影響したのか、考え方の癖や個人に特有の価値観がどのように反映していたのかに着目して加害者のリスクを特定する点が認知行動療法の特徴である特徴である。刑務所内で実施されている性犯罪者処遇プログラムも、認知行動療法が基本となっているリスクアセスメントツールを用いた面接を実施するよう努めている。リスクアセスメントツールとは、加害につながる危険因子（リスク）を幅広く特定するために調査研究に基づいて作成された質問項目である。たとえば、筆者がファシリテーターとして参加しているNPO法人RRP研究会で取り組んでいるDV加害者プログラムでは、カナダで開発されリスクアセスメントツールであるSARA（Supposal Assault Risk Assessment）に準じてリスクアセスメントを行なっている。性犯罪者処遇プログラムを実施している法務省でも、リスクアセスメントツールを開発、実施しているとのことである。[6]リスクアセスメントツールを用いることで、面接者は恣意的な質問に偏ることなく加害に関連するリスクを過不足なく把握することが

5　人の行動を環境との相互作用と捉え、行動に与える影響を特定して行動の変容を促す心理療法の技法である。
6　「①重要な社会的影響，②親密さの欠損，③性的な自己統制，④性暴力を容認する態度，⑤監督指導への協力及び⑥一般的な自己統制の6要因につき，構造化面接による評点化を中心として判断する」（性犯罪者処遇プログラム研究報告書＜http://www.moj.go.jp/content/000002036.pdf＞2017年8月29日アクセス）。

可能となる。

　また、性加害のリスクの特定と対処行動の検討のために認知行動療法的な観点に基づいて面接を実施している。加害行動の前後の状況が行動の生起や維持にどのように影響したのか、考え方の癖や個人に特有の価値観がどのように反映していたのかに着目する点が認知行動療法の特徴である。刑務所内で実施されている性犯罪者処遇プログラムも認知行動療法が基本となっている。加害行動を理解する基本的な視点は、どのような刺激に反応して加害行動が生じていたのか、加害行動が本人とってどのような快を増やしたり、不快を減じたりしていたのかという行動後の影響を理解することが何より重要である、聞き取りに時間をとる必要がある。犯行当時の加害者本人の心理状態を査定し、必要な量刑を特定するためにこれまでに行われてきた鑑定の技法が有用であることに異論の余地はない。過去の生活履歴や深層心理学的な加害者本人の心情の理解は加害者の行動や心情の理解の参考にはなるが、再犯防止の観点に立てば今後の行動の変化にその理解がどの程度役立つかといった視点が不可欠となる。

　心理の専門家が犯罪加害者の情状鑑定を依頼された場合、依頼の中心たる加害当事者や加害者家族、支援者たる弁護人、そしてその依頼を受ける心理士も、これまで精神鑑定でなされてきた慣習に合わせて、詳細な鑑定書を作らなければならないが、鑑定を実施する状況が不十分であると懸念して二の足を踏むことが少なくないのではないかと思われる。時間や道具、特別な面接室の確保ができなくとも、いくつもの心理検査を実施しなくとも、認知行動療法とリスクアセスメントの視点を持って面接を行うことで犯罪加害者の再犯リスクと対処法を特定することがある程度は可能であり、情状鑑定の目的の達成に近づくことができるものと考えて鑑定に取り組んでいる。

3 リラプスプリベンションモデルとグッドライブスモデル

　犯罪加害者や嗜癖行動の改善に役立つ再犯防止の枠組みとして臨床において取り入れられたのはリラプスプリベンションモデルである。リラプスプリベンションとは、再犯が生じるような危険な状況を特定し、いかにその状況に近づかないようにするかを具体的に特定することを主たる作業目標とする発想である。一方、グッドライブスモデルとは、本人にとってどのような時間の過ごし方がより良い人生を過ごすことができるかを目標とすることで、結果として犯罪に関わらない生活を送るという発想である。犯罪に近づかないことと将来の目標を持って生活を立て直していくことのバランスが整うことが再犯防止に効果的な対処となるものと思われる。再び同じような罪を犯さないためには、犯罪に至った道筋を辿ることができなければならない。辿ることができれば、その途中で他者を傷つけ罪を犯すことのない代替となる行動を準備することができる。しかし、いつかまた同じような犯罪を犯す前提で生活していればいずれ同じような行動を繰り返しかねない。仮に犯罪を犯したという経歴があっても、これからどのように生きていくのかを考えることが再犯から遠ざかることにつながる。一度罪を犯したからと投げやりになるのは容易であるが、真剣に同じ行動を繰り返さない工夫を検討するよう働きかけることが、心理士としての役割となろう。

4　事例検討

　情状鑑定の依頼を受け、加害当事者および加害者家族に対する支援を行なった事例を以下に示し、具体的な支援のあり方の一端を共有したい。事例は、加害当事者との面接の経緯や概要についての再犯リスクを特定し、それに対応した対処法を検討するという流れで記述する。なお、事例は筆者が関わってきた複数の事例を参考にして作成したものであり、特定の個人の事例ではないことをあらかじめ明示しておく。

(1)　事例の概要

　30代男性による下着盗、強姦致傷。加害者は、日頃から日中および深夜帯に1人暮らしの女性の住むアパートを物色しており、人気のない女性宅から下着を盗むことを繰り返していた。本件性加害の当日は夜間に下着を盗む目的で侵入したアパートに女性が寝ており、下着を盗む行為に加えて強いて女性の体を触る強制わいせつに及んだ。加害当事者である夫の実家近くのマンションに夫婦2人で暮らしていた。子どもはいなかった。夫の実家との関わりは頻繁であり、加害当事者の両親は息子夫婦と良好な関係であると認識していた。加害当事者は母との関係を煩わしいと思うことが多かったが、そのことについて直接話すことが難しいと感じ、実際に話し合うことはなかった。加害当事者の実父は家族内で存在感が希薄であり、本件加害が明らかになった後も面会に来ることはなく、実母によれば本件性加害は本人の意思か母の育て方の問題であると言っているとのことであった。実母と妻の関係は比較的良好であり、鑑定依頼の段階においても妻は再犯防止について協力して支援していきたいとの

ことであった。ただし、支援の依頼は実母からあったものであり、妻がどのように感じているのか、直接うかがい知ることはできなかった。

(2) 鑑定に至る経緯

　WOHに母と妻から相談の依頼がきた。加害当事者は、なぜ犯行に至ったのかわからない。これからどうすれば再犯を止められるのか答えが出ないと深く悩んでいた。家族としてできることは何か知りたいとの要望であった。WOH事務局から加害当事者の弁護人に連絡をし、情状鑑定という選択肢が加害当事者の犯行と再犯防止に役立つ可能性を説明し、協力を依頼した。弁護人は逮捕勾留中の加害当事者との情状鑑定に際し、通常15分しか認められない面会時間を60分とするよう打診したところ、収容施設の許可を得ることができた。60分の情状鑑定を2回実施し、情状鑑定書を作成し鑑定者から弁護人に提出することを確認した。弁護人は臨床心理士の携わる情状鑑定を依頼することは初めてとのことであった。

(3) 鑑定書の概要

＜情状鑑定の目的＞

　情状鑑定の目的は、本件性加害を惹起するに至った動機、家族歴、生活状況、心情などを把握し加害につながるリスク要因を特定すること、今後の更生可能性とそのための対処方法を見立てることの二つである。

＜面接時の様子＞

　警察署内の面会室で、対面にて実施した。警察署員の立会いはあっ

たが本人の視界に入らぬ場所に座るよう配慮されており、加害当事者とのやりとりに支障をきたすと感じることはなかった。

初対面の時から礼儀正しく、第三者の支援を積極的に受けようとする姿勢が強く感じられた。警戒心や他者不信を感じさせる印象は少なかった。意図的に嘘をついたり隠し事はせずに、面接者の質問をよく聞いて、率直に応えていた。鑑定者に助けを求めようとする態度の強さの背景には誰かに自分の言い分をわかってほしい、不遇な現在の状況を誰かになんとかしてほしいとの思いが強く感じられた。本件加害による自己の責任を感じている発言をする一方、初期場面の対人緊張もあってか逮捕勾留中の退屈さを特に悪気なく述べることもあり、加害に対する反省や被害者に与えた影響などを検討する意識は若干希薄に感じられた。

<動機について>

初回鑑定時には、①性的な関わりを含む妻との関係性の問題、②過干渉の家族との問題（特に母と本人との関わり）、③職場の上司からの厳し過ぎる指導から生じるストレス（思ったような仕事に従事できない不全感）、といった要因を挙げた。

①については、性的な欲求の充足と親密なパートナーシップの不全、②については、干渉されすぎると感じることから、信用されていないのではないかとの不信感や孤立感、③については、ストレスを感じても誰にも相談することができなかった、ということを説明された。上記の点が本人にとって望ましい状況ではなかったことは本人も自覚している通りである。しかし、同様の状況におかれた他者が同様の加害に至るわけではないことも自覚しており、それ以外の要因がわからないので、再犯防止のために犯行に至った理由や再犯防止につながる具体的な行動を知りたいと述べていた。全般的には本件についての後悔を述べる一方、動機の理由を他者や外部の状

況に理由付ける傾向が感じられた。

＜面接を通して把握できたリスクについて＞
　2回の情状鑑定を実施する中では特にあらかじめ準備された質問項目に沿って面接を進めていたわけではない。しかし、面接を進めながら加害当事者の再犯リスクを特定するためにどのような点に注目していたのか。その要因を以下に記す。ただし、この事例がすべての性加害当事者に必須な項目でもなく、それ以外にも確認をしておく項目があることは注記しておく。

①妻との性的な関係
　妻との性的な関係については、必ずしも不満があったようではなかった。しかし、自身の性的な考え方の傾向や妻への要望について率直に開示することはできていなかったとのことであった。

②妻と母との関係
　妻との夫婦関係は比較的良好と自覚していたようであった。しかし、妻が自分自身の思ったような性行為を許容してくれないと認識すると、時に自分のことを受け入れてくれないと感じて怒りや不全感を蓄積していた様子がうかがえた。妻には女性特有の心身の不調があることをなかば知りながら、自身の一方的な性的欲求を受け入れてくれないことについて不満を抱いたり、妻は自分の思ったような欲求に応じるべきであるという考えが強く感じられた。妻と実母との関係は表面的には和やかであるものの、必ずしも信頼関係が良いものとはいえず、妻と実母との間に入って加害当事者が関係調整をしなければならない負担を感じていた。両親からは早く孫の顔が見たいとせがまれることも負担に感じることが多かったが言えずに溜め込んでいた。

③不満足状況に対する対処法
　家族や友人が本人の意にそぐわない態度を取ると、暴言をはいた

り、暴力的な行動をとっていたとのことであった。以上のエピソードからは自分の思ったように行かないと、他者への影響を考えずに暴力的な行動で不満を解消する傾向が推察された。一方で、否定されることに対する恐怖を感じる相手には自身の意見を伝えることに躊躇を感じ、率直な自己開示ができずに否定的な感情を溜め込む傾向が強いことが確認された。ひたすら従順に振舞ったり、過度に飲酒したり、性的な動画を繰り返し視聴するといった具体的な問題解決の対処スキルの不足が感じられた。他者との関わりを持ちたいとの希求は強いものの、現実的な生活面の話し合いや、情緒的な対立場面を回避する傾向が強く感じられた。夫婦関係でいえば経済的な問題といった夫婦の関係性について真剣な話しを避ける傾向は散見されたようであった。未熟なパーソナリティ発達に加え、コミュニケーションスキルの不足が大きく影響しているように思われた。欲求不満場面においてはひたすら我慢するか、我慢の限界に達したら相手の気持ちは考慮せずに攻撃的に振る舞うかといった極端な関わりになりやすいことなどが面接を通して確認できた。もっとも、衝動的に怒りや欲求を発動してしまうだけではなく、困難を感じながらも就業を続けてきた経緯は非常に重要であろうと思われた。衝動性は強いながらも、不満を爆発させてしまうことなく社会的に受け入れられるような判断をすることができるという側面も共有できた。

④不適応行動を後押しする認知、価値観

　性的な欲求を受け入れてくれない妻に対する感情を本人は不満足と受け取っていたようである。鑑定者は性的な欲求充足の不全に加えて、男性が女性の意見に異を唱えることや、自分の言う通りに妻が言うことを聞かない怒りや、男性としての性的な価値観を傷つけられたとの認識があったようだと感じた。鑑定者が男性と女性とでは傷つき方が異なるのではないかと介入したところ、どこか妻を下に見ていた所があったかもしれないと認めることができた。性加害

については、他者にばれなければいいだろう、被害者が傷を負っても自分が傷つくのではないし大したことはないであろう、といった認知が加害を含む不適応行動を後押ししていたものと思われた。

⑤妻との関係

　妻に限らず女性一般を自分よりも下の存在と捉える認知傾向が散見された。妻が本人の求めに応じず、性的な欲求充足がなされなくなったことを加害行動を含む性的な逸脱行動を許容する考え方として正当化していたようであった。また、いらだちや怒りを感じると家の物を壊す行動で解消することもあったとのことであった。本人の自覚は希薄であるが、性的な暴力および精神的な暴力、いわゆるドメスティックバイオレンスが生じており、その影響が妻に及んでいる可能性が感じられた。性的な問題以外は仲の良い夫婦であると述べていた。加害当事者がそのように感じていたと述べており夫婦間にしかわからない関係性があるのかもしれないが、安全を実感できる環境であったか否かについては違和感が生じた。

⑥家族との関係

　家族に対する信頼は厚く加害直前に起きた祖父の死去は非常に強いショックを感じたと述べた。一方、これまで下に見てきた母が中心となって葬儀の段取りを進めたことについての不満や家族の中の居場所のなさを感じたと述べた。自分は家族の中心であり、家族に指示を出す側であり、自分の思い通りにいくことが当然であるとの考え方は、母の育て方に起因していると説明していた。自分の言うことを聞くべき存在であった母に対しては、祖父の葬儀の件で、納得のいかない気持ちが生じたとのことであった。反発する気持ちと頼りにしたい気持ちとの強い葛藤が生じているようであった。また、実弟に対する職業ステータス的なコンプレッ

クスがあることを率直に語っている。自身がありたい自己像と有している能力との乖離を感じており、自身の認識としては上の立場であるはずと思いながらも、実際には実弟の方が社会的には認められており、長男であることへのこだわりやそこから生じる自尊心とそれが脅かされる不安や傷つきは本人に強く影響していると思われた。

⑦アルコール

性加害に及ぶに至ってはアルコールを大量に摂取していた。加害に至る理由として大量飲酒を挙げる加害者は少なくない。飲酒の影響により記憶がないからと、鑑定当初は本件性加害をアルコールのせいだと説明していた。しかし、アルコールは加害を後押しする多数の要因の一つであると説明すると、徐々に納得していった。アルコールの影響は加害を後押しする要因として大きいものと思われたが、アルコールをやめればよいと短絡的に考えることによって、アルコールをやめられないなら再犯しても仕方ないといった短絡的な考えに至らぬように鑑定者からは繰り返し伝えた。

⑧性にまつわるリスク

女性の下着への関心が強く、下着盗が性加害の行動化の引き金となっているように思われた。その後に行っている強制わいせつのような直接的な接触を伴う性加害は、本来の本人が得たい欲求とは異なる目的で生じている可能性が感じられた。直接的に性的な加害に至ることがなければ、被害者が傷つくことはないとの考え方が背景にあるように思われた。「自分自身は少しくらい体を触られても傷つくことはないので、女性も同じように傷つくことなどないであろうと思う」との回答から、女性と男性の性に関す受け止め方や影響の違いを推察することの困難さが本件性加害を後押ししているものと思われた。また、女性と性的な関係を持つ

ことについて話し合うこと（特に本人をして劣等感を感じさせるような話題）を避ける傾向が強く、特定のパートナーと話し合うことができない傾向は、独善的に本件性加害を推し進めることに影響しているものと思われた。

(4) 今後の再犯防止に対する対策
＜情状鑑定を経て本人の語りの変化から＞

　本件性加害に及んだことが被害者はもとより家族や妻といった周囲に影響を与えたことについて後悔しており、再犯防止のために自分自身のことを理解したいと述べていた。一方で犯罪に及んだ経緯に関する発言からは自己中心的な印象を感じた。部分的には被害者や家族に対して謝罪や反省を認めるもののどこか独善的な発言が多く、再犯リスクの高さを感じさせた。しかし、鑑定者とのやり取りを通して、女性と男性との性に対する影響の違いに目を向けることができた。家族や妻との関係については、家族が自分のことを不当に扱っている、拒絶していると感じてきたことに気づき、その背景には自身が相手の気持ちを無視した言動を重ねてきたことにあるのだと内省できた。妻や家族に対して率直に思ったことを伝えられない考え方の癖を認識し、本件性加害につながる過去の出来事や性にまつわる認知の歪みなどを率直に開示することも増えてきた。加害当事者の犯行に対する無責任とも感じさせる行動や価値観を否定したり、反省を促すことは必要である。しかし、表面的な反省を促すだけではなく、心理の専門家が加害当事者が持つリスクをしっかりと特定し、再犯防止に必要な対処法を検討する機会が情状鑑定とともに訪れるであろう。

<家族関係について>
　家族が加害当事者の更生の一つの支えとなることは疑いがない。特に社会で生活をするために必要なサポートの有無は、本人の社会復帰の大きな一助となろう。懸念事項は、本件に至る動機としてこれまでの家族関係を挙げていることである。これまでの犯罪加害者家族との関わりに照らすと、本人を受け入れるにあたって過度に世話を焼き過ぎたり、社会との接触を断とうと拘束したりすることによって、本人の主体的な更生の機会を阻む可能性がある。家族に本件性加害の原因があるわけではないが、本件性加害と同様の状況に帰住するということは、同じリスク状況に戻るということである。したがって、家族と本人との関わり方を調整するような支援を受けることが必要となろう。

<職場復帰について>
　家族関係で述べたのと同様、本件加害の事実があっても社会で居場所があること、収入を得られることが確認できるか否かは再犯防止に影響があるものと思われる。しかし、家族関係と同様にこれまでと同じような就労環境に戻れば再犯に近づく可能性を検討しなければならない。どのような条件で復職することが可能なのか十分な話し合いが必要である。正規雇用か非正規かといった条件も含め、これまでとは異なる別の職場を探すことが再犯防止に役立つ可能性も視野に入れる必要があろう。

<性加害の抑止について>
　本人が性加害の動機として挙げているのは生活状況や家族関係といった人生のなかで生じうる日常的な出来事であることが多い。しかし、実際の性加害行動が選択されていく過程を説明するには不十分である。たとえば、家庭環境に不満を抱くすべての人が性

加害をに至るわけではない。どのような考えや価値観が性加害行動を後押ししていたかを整理し、加害に変わる適応的な行動選択につなげていくことを検討することは再犯防止に有効といわれている。しかし、家族だからこそプライバシーに関わる性という問題を扱うことの困難が生じるであろう。

(5) 家族関係と加害との関連について

「A」という原因があるから、「B」という犯罪が生じた、といった原因と結果を直線的に求める発想そのものが、再犯につながるリスクを見えにくくするものと思われる。「母が悪い」「妻が悪い」「本人の性的な逸脱が悪い」というようにわかりやすい理由を知りたいし、わかることで安心したい。明確な悪い何かが原因で本件性加害が生じたと考えれば、他者を責め立てることで安心を得ることができるかもしれない。しかし、そのような原因探しは、再犯防止に役立たないことが多いのである。筆者が情状鑑定を通して性犯罪の加害当事者と加害者家族との関係性について、経験則的に感じることを示しておきたいと思う。

多くの加害当事者は「自分は悪い」と思いながら、一方で「被害者が悪い」とも思っているようである。また、加害者家族は突然身内が性犯罪の加害当事者であることを知り、自分自身も傷つき、被害者に対しても罪責感を抱き苦しむこととなる。たとえば、性的な関わりがなくなった夫婦感関係だから性犯罪に至った、とダイレクトに結びつけて考えようとすると、たしかにその影響もあるかもしれないが、それだけでは説明がつかないと感じるのではないであろうか。筆者が関わるケースでは、加害者の再犯防止を結果として妨げることになるので、「家族が先回りして本人が責任を担うことを妨げないように」と伝えることが多い。たとえば、

本人の意思の確認なく示談に応じたり、逮捕勾留中や受刑中の過剰な差し入れなどが挙られる。また、家族が性加害当事者になったという事実が与える傷つきは当然のように生じるが、その傷つきをどのように受け止めればよいのかわからないという困惑が生じると思われる。性という話題そのものが非常にデリケートなものであるからこそ避けられるのであるが、夫婦関係であれば性のあり方をどのように持つべきか話す時間が必要であり、親子（特に母子関係）であれば性犯罪によって顕在化された性的な問題をあえて話し合わず性加害当事者や第三者に委ねていくような距離感の取り方が求められよう。

5 　性加害の再犯防止支援における課題

　性にまつわる問題はアルコールや薬物のように使用を完全に断じることを目標とすることが困難である。性行為はもちろんのこと、他者との親密な関係を持ちたいと感じることは多くの個人に自然に生じる感情や欲求だからである。性加害が長期間にわたって被害者の心身に深い傷を与えることを考えると、再犯をなんとしてでも食い止めなければならないことは事実である。しかし、性加害当事者やその行動を非難したり排除するような働きかけだけでは、性にまつわる問題は社会から目に見えない場所に追いやられ、仮に社会の中で再犯の危険性や深刻度が高まっていても気づかれずに放置されるだけになるかもしれない。加害当事者を支援する家族や関係者が焦りや不安を感じる一方で、加害当事者はそこまで深刻に考えていないように振る舞うことが多く、支援者の不安や反感を強めるような悪循環に遭遇することが多い。心理士としてはそのような悪循環を俯瞰的に理解し、断ち切るために

家族側の関わり方に変化を促すことは重要であると感じる。性加害は被害者の身体を加害者が同意なく一方的に接触するという、人と人との境界線を侵害するという側面が特徴である。人の安全を保つ境界線を侵害することが与える否定的な影響について性加害当事者だけではなく加害者家族や支援者が自身の課題として検討するような態度が、加害当事者の変化に影響を与えるように感じる。支援に携わる専門家の心の中に、なんとかしてやらなければと過度に加害当事者に肩入れしたくなる気持ちが生じるかもしれない。または、加害者家族に加害当事者の責任を肩代わりするよう強く働きかけたくなるかもしれない。しかし、そのような働きかけは、加害当事者の主体的な活動を阻む可能性があることを頭の片隅に留め起きながら支援に携わっていただきたい。

　性加害という観点だけではなく、性的な関係の持ち方を、個人がそれぞれの人生にどのように位置付けていけばよいのかということについて考えていくことも非常に重要なのではないかと考える。性をタブーとして公に話しあうことが少ないことと性的な逸脱や相手を傷つけるような性行動との間に関連性はないのか。性加害当事者だけではなく、性というテーマが多くの人の間で大切に、オープンに扱われていってほしいと思う。また、これまでに依頼を受けてきた性加害に関連するケースは生物学的に男性から女性に行われた加害が多い。しかし、性を取り巻く混乱や困難は、年齢や性別に限らず生じているものと思われる。被害を受ける可能性は男性、女性を問わず誰にでも生じるし、加害に及ぶ可能性についても同様である。性に対する知識を増やすこと、柔軟な価値観を持とうとすることが今後の性加害事案への対応に求められる可能性も視野に入れる必要があると思われる。

　性加害者への厳罰化が強く求められている。罰は必要であるが、罰は過去の行動に対して与えられるものである。被害者の方の多

くは加害者を罰し続けることを望んでいるかもしれず、そのことは重く受け止めていかなければならない。一方で、加害者は、そのような被害者の心情を含めて過去の性加害という行動に責任を取り、自身の選択でこれからの行動を変える方法があるということを知っていてほしい。

（あいざわ・まさひこ）

第2章 性犯罪加害者家族への心理的支援

駒場優子（臨床心理士）

1 はじめに

　ここでは、性犯罪加害者の妻と母親に対する心理的支援について、事例を挙げながら考えていきたい。ここで取り上げる事例は、著書が実際に関わった複数の事例を組み合わせ、個人が特定されないよう配慮した架空の事例である。妻の事例は、夫婦関係の特徴、本人の考えや行動の傾向、性格特性が際立って見られた初回面接を取り上げる。母親の事例では、初回面接とその後の数回の面接経過を含めた内容を通じて心理的支援を紹介し、その内容を検討したい。

　また、著者は発達心理学、人間性心理学から臨床心理学を学び始め、心理療法としては家族療法、認知行動療法の考え方を主に用いて心理面接を行なっている。紹介する事例に対する関わりも、おおむねそのような理論に立って進めているものである。

2 性犯罪加害者の妻に対する心理的支援事例

(1) 事例①──条例違反（痴漢）で逮捕された夫

　夫（38歳）会社員、妻（35歳）会社員、結婚8年目の夫婦で子ども（4

歳）1人。経済状況は安定していた。結婚後、夫の実家の敷地内に住いを設け夫婦と子どもで生活していた。事件後、妻と子どもは別居している。面接開始時には、離婚はしていない。夫の逮捕後に、加害者家族支援団体NPO法人World Open Heart（以下、WOH）に妻が相談したことをきっかけに、心理的支援を開始した。なお夫は、逮捕後に罰金刑で釈放されている。

(2) 初回面接と対応

初回の面接は事件から半年経過していたが、面接に訪れた妻Aさん（以下、Aさん）は表情も硬く、非常に緊張した様子であった。本人の希望で心理面接を行うことになったのだが、こちらの質問に対しても言葉少なく、雰囲気も重々しかった。

著者（以下、セラピスト＝Th.）が、不安もあっただろうが他者に話してみようと思い、実際に来談されたということを労い、この半年間は本当に大変だっただろうと伝えると、「どうしてこんな目に会わなければならないのか」と強く憤慨した様子で発し、その後経過について少しずつ言葉にされた。

Aさんは、子ども、Aさんの実家の家族、もちろん仕事関係の人にもこの件は話せていないこと、夫の両親は知っているが、高齢の両親がかなり気落ちしている様子がわかり、自分の気持ちを語ることは今までなかった、ということを話した。また、「考えないように」するために、事件以前より仕事量を増やすようにしてきたこと、そのためか疲労感が続き、だるさが取れず眠りにも問題が出ていることも、加えていた。「現在の状況」と「将来の不安」についてを、所々で脱線しながらとりとめなく話しており、混乱が増大していくようにも見受けられた。そこで、Th.より一つの提案をした。

Th.から「今日ここに来てどんなことがわかったら、どんなこと

が話せたら、『来てよかった』と思えそうですか」と尋ね、この面接の目標、目的を共有することにした。すると、Aさんは「何からやっていったらよいのかわからない。自分がどうしたいのかもわからない」と話し、今後の不安について優先順位がつかないことを説明した。そこで、Th.は「優先順位を考えること、少し先を見通すこと」についてを、この面接の目的にすることとして提案した。

まず、Aさんから思いつくままに「やらなければいけなそうなこと」を挙げてもらった。

Aさんの「やらなければいけなそうなこと」リスト
① 自分の実家には、やはり話さなければならないのではないか
② 子どもにはどう話すか、話さなくてよいのか
③ 別居状態をどうするか、離婚した方がよいか
④ また再犯したら、どうするか。再犯させないために、何をしたらよいのか
⑤ 子どもの学校に、別居を伝えなければならないか
⑥ 子どもへの影響が心配、どのように関わればよいのか

リストを2人で眺めて、Th.から以下のように伝えた。

　まず、①②⑤に関連していることとして、この件について「話さなければいけない」人はいません。特にご自身の「気持ち的な安心や安全」に注目して、行動選択することが大切です。話したい人に話せばよいし、話さないことで自分を守るということが大切です。話した相手の反応は予測できません。予想せずとも傷つくことがあります。加えて、話すことで自分が再び傷つく、ということを避けたいとも考えます。

また、④のことは、家族として大きな気がかりだと思います。性犯罪がなぜ起こるのかということは、一言では言えませんが、ご主人を理解すること、夫婦の関係性を振り返ってみることが犯罪の理解に大きく役立つと考えられます。この件は、別のテーマとして時間を持ちましょう。しかし、順序としては「夫を支えていく」ということの前に、「ご自身の安心、安全を回復させる」ことを考えたいなと思います。

　さらに③について、現在のような状況は、Ａさんが「心理的危機状況」にいらっしゃるともいえます。基本的にそのような状況では、「人生に関わる大きな決断をしない」ということを心理臨床の世界では、よく言います。決断は数カ月後に、少しでも元気になり、見通しが持てるようになった未来のＡさんが決めるまで、先送りすることをお勧めします。

　そして、最後に⑥のお子さんのことですが、本当にご心配だろうと思います。どのような状況でも、母親の心の安定がお子さんの心理的な安心感につながります。その意味では、まずＡさんご自身が少しでも安心して生活ができるように、心理的に安全に過ごせるようにということが、お子さんの助けにもなっていくと思います。別居されて少しご主人と距離を取られたことが、Ａさんの安心感につながったのなら、それもお子さんのためによかったことだっただろうと思います。仕事を増やして、考えない時間を作っているということでしたが、やはり身体を壊してしまってはお子さんにも影響が出てしまいます。今は、規則的に食事をとる、睡眠をとる、休息をとるという基本的な生活を大切にしていくことが何よりです。また、いろいろなことが頭に浮かび、考えがまとまらなくなったり、混乱しているような状態の時には、一旦止まり呼吸を整えてください。呼吸法は、後ほど一緒に練習しましょう。

そして、Th.から「ご自身のためにしたいこと、事件後できなくなっていること」を改めて挙げてもらうよう投げかけた。すると、Ａさんは、「自分には何もない。本当になぜ、このようなことになってしまったのか、人生がめちゃくちゃになってしまった」と、再び怒りを露わにしていた。夫への思いを尋ねると、「裏切られた感じ。仕事の愚痴などはお互いに話していたのに、なぜ犯罪をしてしまったのか。理由を聞いても、本人もわからないと言っている。どうして、そのような犯罪をしてしまったのか、理解できない。義理の親に『妻の支えが足りなかった』と、責められた。自分でも『私が悪かったのか』という気持ちもある」と堰を切ったように話し続けた。Ａさんが直接夫へ思いを伝えていないことを確認すると、「私がいろいろ言ってしまって、それで再犯してしまったらと思うと言えない」ということであった。

　面接の終了前、Th.から「半年間、必死でお子さんとの生活を守ろうとやってこられた。加害者の家族の方は、被害者だと言われることもあります。改めてこの半年、どうやって乗り越えてこられたのですか。また、日々辛かっただろうと想像していますが、最近思い出せる日で、『少し楽』、『しばし忘れていられた』という日はなかったでしょうか」と尋ねた。Ａさんは、「やはり、子どもがいるので。やっていくしかなかった。思い出さない日はないが、この前久しぶりに長く歩いた。その後、気分が少し変わったような気がした」と回想した。「運動することも、『考えないようにする時間』になりそうですね。また、一定のテンポを刻む運動は、心の安定にもよいといわれています。自然にそのようなことを実践されているのは、素晴らしいですね」と伝えた。その後、考えがまとまらず混乱してきたときのための呼吸法をTh.とともに行い、練習をして面接を終えた。

3 性犯罪加害者の母親に対する心理的支援事例

(1) 事例②──強姦未遂事件で逮捕された

　父（62歳）、母（60歳）、息子（34歳）。以前は、夫婦の住まい近くに息子が1人暮らしをしていた。事件後は、実家に戻って3人で生活をする予定だという。両親は20代で結婚、父親は家業を継いでおり、経済的には余裕のある家庭であった。息子は、のんびりした性格で、幼少期には手がかからなかったという。父親との約束で大学に入学したが、留年を繰り返しその後中退している。一人っ子でもあり、母親としては甘やかし、かわいがってきたという。事件後に、母親がWOHを見つけて、連絡をした。初回面接以降、母親のみが来談している。面接時は、事件後1カ月半が経過し息子は拘留されていた。

(2) 初回面接と対応

　母親（以下、Bさん）は開口一番、「どうしてこんなことになってしまったのか。一生懸命育ててきたつもりだったが、育て方が間違っていたのかもしれない」と涙を流していた。Th.はまず、Bさんの体調面について尋ねた。Bさんは、「警察署でのことがフラッシュバックされる。『お母さんは、気づいていたのではないですか』と警察官に言われたが、まったくわからなかった。いろいろな心配が頭に浮かび、考えがまとまらないため、家事もままならないため、気がつくと涙が出ている。それを見て、夫は『お前が泣いても何もならない』と言うが、親としてどう責任を取ればよいのかと思うと、途方に暮れてしまう」と話した。加えて、週に2度は面会に行って

いること、会わない日には気がついたことを手紙で渡せるように書き留めていること、夫は警察の聞き取りには出向いたが、その後面会には行っていないこと、などがわかった。

　Th.は、話をしてみようと実際に面接に来られたことを賞賛し、動揺は自然であること、食事、睡眠、休息などの基本的な生活を大切にすることが今の段階では重要であるということを強調し、以下のように伝えた。

　　起こった出来事が衝撃的で大きすぎると、何が起こったのかということを理解したり、それを言葉にしたりすることができないという状態になるものです。予想しない危機にある場合、精神的な動揺が続き、時に特定の場面が自分の意図とは関係なく思い出されたり、それに伴い呼吸が早まったり、発汗したりすることも起こります。まずは、日々の「食事、睡眠」を大切にし、3カ月を区切りにして様子を見ていくとよいでしょう。3カ月後には変化がある場合が多く、今は「よくなろう、どうにかしよう」と頑張らないことです。

　そう伝えると、Bさんは涙を流して何度もうなずいていた。Bさんの様子は急性ストレス反応とも考えられ、混乱が強まった場合に対処するための呼吸法について説明し、日々行ってもらうよう伝えた。

(3) 第2回面接〜第6回面接の概要と対応

　第2回以降の面接では、「母親として、どのように息子を支えていくか」ということがテーマとなった。Bさんは、「面会には頻繁に行ってあげること」「手紙もたくさん書いて、渡してくること」「息

子の体調が心配なので、毎回詳しく聞いてあげること」「(色々考えて落ち込んでしまわないように) 好きな本を探して、差し入れしてあげること」などを「支えること」としてあげていた。初期にはTh.が「支えていくBさんが、倒れてしまっては意味がない。ご自身のためにやってあげたいことはありませんか」と投げかけても、「自分のことに時間を使うなんて、してはいけないような気がするし、したいこともない」と自分自身に関心を向けること、自分のための時間を持つことに罪悪感がある様子であった。勾留中の息子のために忙しくすることで、自分自身の感情に蓋をしているようにも見受けられ、そして、そのことを伝えるとBさんは、「ふとすると落ち込んでしまう。やはり、自分の育て方が悪かったのではないかと思う」と話した。

　Th.からは、母親としての自分に強い自責感を持っているように見受けられるBさんに対し、このように伝えた。「ご自身を責めて、苦しさが続いているように見えます。少しでも気持ちを楽にするヒントが、『私として』考え、感じ、行動する時間と、『母親として』考え、感じ、行動する時間のバランスに、あるのではないかと考えていました。事件以降はずっと『母親として』の時間が続いていませんか」。そして、以下のような表を作り、日々感じたこと、考えたこと、行動したことをメモしてもらうことを提案した。

表　考えたこと、感じたこと、行動したことを分けてみるメモ

母親として	私として
・例) 手紙を書いた	・例) 整体に行った
・例) もっと早く気づいてあげたらこうならなかったかもしれないと思った。	・例) 疲れちゃったなあ

この課題は、Bさんが無意識的に考え、行っていることを記述する（外在化する）ことで、自分自身を客観的に観察し、振り返ることが狙いであった。まず、Bさんは「『私として』やっていることがあまりにも少ないこと」に気づき、その後意識して『私として』の時間を持つように変化して行った。Th.は、メモをする課題に取り組めたことそのものを賞賛して、その動機づけを確認すると、Bさんは、「やってみたら気分がだいぶ違うし、自分のために時間を過ごすと、息子のために行動するよりも事件のことを忘れていられた」と説明していた。この課題により、Bさんは「母親として」の考えや感情で選択する傾向が強く、役割としての行動が多いために、不快感を含めた「私として」の感情も感じられにくくなっていたということを、ともに理解することができた。また、Bさんが実際に「楽になる感覚」を実感できたことも、心理的危機状態からの回復と捉えられた。

　「母親として」動き過ぎるということは、これも母子密着を表す一つの現象ともいえ、自律性を強めることを狙う意味も含めて、介入をしている。数回にわたりBさんにこの課題を続けてもらい、身体的・精神的なエネルギーの回復を確認して、面接は終了している。今後も家族として息子を支えていくことが想定されるBさんを守るため、また今後サポートしていく身体的精神的体力を保つためにも、「母親として」の役割から距離をとることが適当である、という見立ての元で進めた面接であった。

4　心理的支援

　二つの事例を振り返りながら、性犯罪加害者の妻と母親への心理的支援について整理していきたい。

(1) 情緒的なサポート

心理的危機状態にあるクライアントに対して、何よりもまず気持ちに寄り添い、否定せず、評価せず、傾聴するということは、心理的支援の大前提である。加害者の家族について考えると、警察、弁護人、裁判でのやりとりで、家族が事件について「語る」場面は多くある。しかし、それらの場面での会話は「加害者」のために行われる会話であり、「加害者家族」のために持たれる時間ではないことが多いだろう。心理的支援は、「加害者家族（来談者）」のために持たれる時間を守り、それは彼らの利益のため、心理的苦痛の緩和を目指し、それ以外の場で交わされる「会話」とは、まったく質の違う「語り合い」であるということがいえるだろう。

(2) 心理的危機介入

突然家族が逮捕され、その日を境に今までの生活が激変する体験は、加害者の家族にとって心理的に大きな負荷がかかり、危機的状態に陥っているといえる。心理的危機には、失業、離婚、別離などの社会的危機(social crisis)や、偶発的危機(accidental crisis)があるが、突然、加害者家族となるという体験は、偶発的な危機であろう。心理的危機のなかで、とくに生命の危機が脅かされるような惨事(crisis incident)に遭遇して起きるストレスを、惨事ストレス[1]と呼ぶが、惨事ストレスとしての被虐待体験、いじめられ体験や愛着対象との離別などでもASD や PTSDの症状を示すことがあることを考えると、「加害者家族」に起こる一連の出来事もそれ相応と思われる。著者が担当した心理面接のなかでも、多くの家族が「逮捕場面のフラッシュ

1　松井豊・畑中美穂・丸山晋「消防職員における遅発性の惨事ストレスの分析」対人社会心理学研究No11（2011年）43〜50頁。

バック」や「警察での聞き取り時における記憶の曖昧さ（かい離性症状）」「不眠や眠りの質の低下」などを訴え、惨事ストレス反応と思われる体験について語られている。

　症状の軽重は、心理的な発達の段階や、立場、支援の是非などにより一様ではないのだが、初回面接では、必ず生活の様子を聞き、「食べること」「睡眠」「生活パターンの変化」「身体的な変調」について確認している。その際に、さまざまな不調の訴えがあった場合には、心理的危機に関しての心理教育を行い、ストレスマネージメントなどの対処を提案することが多い。Aさん、Bさんの事例でも、「散歩などの運動の推奨」「考えがまとまらず、混乱してきた際に呼吸法を行う」などの提案をしている。必要に応じ、医療機関を勧めることもある。

(3)　心理的安心・心理的安全感と常識について

　多くの面接で「事件について、誰にいつ話すか」ということが話題になる場面がある。ここには、家族の持つ価値観や常識が持ち込まれ、無意識的に、たとえば「親には伝えなければならない」などと考えていることがわかることがある。「夫や息子の逮捕」という出来事に際し、そのことを他者に伝えることの目的や意味、その後に予測される影響、語ることの負担など、さまざまなことに鑑みて「話す／話さない」についての判断・時期についての選択を進めたい。また、「事件について話さなければ」と家族が考えることの背景には、助けの求めや、「どうしたらよいのか」という混乱、不安を中心とした不快感情など、さまざまな感情が包含されていることも想像される。「今、ここで」一番に感じていることは何であるか、何を求めているのか、ということを丁寧に確認することが、安心や安全を作っていくポイントとなるだろう。そして、「普通は〜する」「常識的に

は〜すべきだ」という基準で行動選択することと、心理的な安心・安全感を大切にすることとは、二律背反することもあり、家族の状態により、まずは心理的安心を持てるということに重きを置く意識が大切であると考えている。

(4) 大きな決断を先送りにすること

　臨床心理学的な関わりのなかでは、「心理的危機状態（変化の最中）にある時期には、人生に関わる大きな決断はしない」と、原則的に考える。その土台に立ち、加害者家族に対し、判断を先送りにすることを提案することがよくある。前段の繰り返しにもなるが、たとえば、妻が「離婚したい」と言うとき、その言葉にどのような気持ちが含まれているのか、何を求めて離婚するのか、ということに注目したい。同じ籍に入っていることが、今日明日の生活にどのような影響があるのか、と尋ねることも多い。妻にとっては、感情的な要因から（夫に不快感があり、それを解消したい、など）そのような発想を持つことも多いが、面接では現実生活について見通すこととともに、メリット・デメリットを検討することがよくある。

　加えて、離婚の選択は加害者家族のなかでも妻にのみ与えられている選択であり、母親の置かれる状況とは大きく異なるともいえる。「離婚の選択肢がある」ということが、妻の心理的回復に役立っていると感じる場面も多い。「『私（妻）』と『加害者（夫）』は、別の人間である。他人である」と、考えることができるということは、その後に夫婦生活を続けていくかどうかの選択に関わらず、妻の安心感の確保や不要な自責感の低減、主体性の回復、将来への希望（新しい人生を選ぶことができる、という発想が持てる）につながるように思われる。

　一方で、性犯罪加害者の母親の支援について振り返ると、「子どもは一生子ども（離れることができないものだ）」と母親は考えやすく、そ

う考えることが母親の精神的苦痛に強く関連しているように思われる。Bさんもそうであったように、著者が出会った多くの母親が、加害者である息子について「なぜそのようなことをしてしまったのか」と思いながらも、本人を心配し現実的にも世話をし続け、同時に母親自身が強い自責感を持つ体験をしているように見受けられる。言い換えれば、母親の心理的支援としては、母子密着している状況から母子であれ「『私』と『息子』は別の人間である」と思えることが、支援の要であるとも感じる。Bさんの事例では、「私として」と「母親として」の時間を分別していく課題を用い、意識的に「私として」の時間を持つように促した。そのようなプロセスで、母親であっても事件により「傷つき」「ひどいことが起こった」などの不快感情を感じてよいのである、それは自然なことだ、ということに気づいていけるように思う。

⑸　事件の理解と夫／息子を理解するということ

　Aさんの事例でも「夫を理解する、関係性を振り返る」ことを提案しているが、「なぜ性犯罪を起こしてしまったのか」ということをきっかけにして、「夫について理解する、夫婦関係について振り返る」というテーマを持てることは、臨床心理学的には重要な支援であると考えている。理解しようとするという働きかけは、妻や母親の過去の時間を振り返り、自尊心を守り、回復を進めることにもつながっている。自分を責めるだけ、無下に「犯罪をするようなひどい人だった」と加害者となった家族を蔑むだけの幕引きをしないために、関係性や個々を理解をしていくことが理想だと考えている。一方で、振り返りの作業には精神的なエネルギーを要し、時間もかかるために、家族としては「目下、日々の生活を平穏に送ることが希望である」と伝えられることも初期には多い。支援の順序として意識すること

は、まずは生活の安定であり、その後に振り返るエネルギーが確認でき、家族の希望があるなかで丁寧に進められるという順に、重きを置きたい。

「夫を理解する」「息子を理解する」というそのプロセスのなかで、自分自身に関心を向け、関係性を振り返ると、さまざまなことが理解されていく。ある性犯罪加害者の妻との面接では、経済的にも精神的にも不自由がなく、「ケンカをしたこともない。夫は、何でも聞いてくれた」と述べた妻がいたが、その後の面接で、「平等、対等な関係ではなかった」、「私（妻）自身は不快感情に対する耐性が非常に弱く、不快感を抱えることができない」「夫への依存が過剰だった」などの気づきを得て、「夫が変わるべきだ」との考えから、「自分自身がどのように変わっていくか」ということが課題になった事例もあった。

母親にとって「息子を理解する」というプロセスは、「私」と「息子という1人の人」という視点や意識、ひいては母子であっても大人としての距離感を獲得するためにも、非常に重要である。主観的な経験からではあるが、性犯罪加害者の妻と比較して、母親との面接からは、成人した子どもである息子と母の心理的距離が近いように感じている。それは、単に「仲が良い」という関係から、過干渉、いがみ合う険悪な関係のすべてを含み、臨床心理学的にいえば、「大好きも大嫌いも同じこと」という関係性である。密着した関係性では、母と子の「似ている」「わかっている」という要素を多く認識する一方で、「違う」ということ、「別の人格を持った、別の人」という認識が弱くなる傾向がある。そのような母子の関係性を確認する作業は、結果的に「息子という1人の人」を確認することにつながり、同時に母親も「私」を見つけることができるのだろうと考える。母子の心理的距離が近く密着している状態では、母親の心理的負担は非常に強くなり、「自分の子育てがいけなかった、間違っていた」と

自分を責めることが特徴で、その自責感とともに「（息子に代わって）責任をどう取るか」と考え苦しむ傾向もあるように感じる。

(6) 性犯罪についての理解

　一般的に性犯罪は、「性的に満たされていないために、性犯罪を起こした」「ストレスが溜まったので、性犯罪に走った」と考えられていることが多い。性犯罪加害者の家族であっても、性犯罪自体の理解については、一般の多くの人が漠然と理解しているのと同じような理解であり、妻・母親の面接でもそのように聞くことがほとんどである。「性犯罪がなぜ起きるのか」ということについての詳細は他書に譲るが、性犯罪についての理解を面接のなかでどのように取り上げるのか、ということについては触れていきたい。

　妻の面接では、「セックスレスだったため、自分のせいで夫は犯罪を起こしてしまったのではないか」と言われることもある。その場合、直接的に「性的欲求が満たされないと、性犯罪が起きる」ということはない、ということを説明している。性犯罪は、性的欲求だけではなく、対人関係の持ち方、親密性、感情のコントロール、共感性の強弱、認知の歪みなど、さまざまなことが要因となって起こる犯罪であると言われている[2]。それらについて夫婦関係を振り返ることが、夫の理解、犯罪の理解に重要であるということを伝え、気になる事柄についてはテーマとして扱っていくということが大切であると考えている。

　一方、母親との面接では、母親が息子の性的なことについて取り上げることに強い抵抗感を持っている、ということを感じることがよくある。それは、性的なことを取り上げることそのものへの抵抗感であり、また性的なことをテーマにする際には、自分自身の性に

2　法務省「犯罪白書2015」。第6編第3章第1節。

関する考えや体験を元にせざるをえず、自分自身の性的な体験や考えについて振り返る作業への抵抗感ともいえるだろう。そういう意味でも家族が起こした犯罪が「性犯罪」だった、という事実自体が家族にとって衝撃であり、多くの場合「羞恥心」や「不快感」などを抱きやすく、受ける影響も他の犯罪に比べて特異なのではないかと感じている。被害者の方に対してはもちろんのことで言うまでもないが、家族に対しても非常に攻撃的、暴力的な犯罪であり、直接的ではないが家族が受ける傷は非常に深いと感じる。

　このことだけで性犯罪を説明することはできないということを前置きして、また調査研究があっての見解ではないが、母親や妻の「性的なことに関する価値観（認知）」と心理的距離の近い母子関係、そして夫や息子の性犯罪は、多少なりとも関連しているように思うことがある。妻や母親が性的なことを「隠すべきこと」「いやらしく汚いもの」などと、過剰に「悪いこと」だと捉えられている場合、逆に家庭内で性的なことがあまりに奔放で開けっ広げであったりする場合、過去においてもそのような出来事が体験され、生育環境にそのような家庭の「性的な文化」が存在するならば、性的なことへの認識に多少なりとも影響があるだろうと想像させ、それが「性犯罪」のリスクの一つになるとも考えられる。

5　おわりに

　性犯罪加害者家族の心理的支援について、著者の経験を中心にまとめてきた。多くの家族との出会いから、やはり「性犯罪」だからこそ家族が抱く苦悩があるように感じる。また、再犯防止の観点からも、性犯罪を繰り返さないということの難しさは、性犯罪が性行動による問題行動であるということが挙げられるだろう。

人間にとって性行動は「止める」ことができない、生きることと直結している行動である。臨床心理学的にいえば、性犯罪は「誤った性行動の学習」であり、その誤学習された行動選択を変えていくということが治療となる。そのような「犯罪理解」を家族とともに進めながら、傷ついた心の回復を目指すことが性犯罪加害者家族の心理的支援であると考えている。

（こまば・ゆうこ）

論点②：支援の中心としての「共依存」概念

　「共依存」とは、たとえば、アルコール依存症の家族に見られる人間関係の一種だ。精神医学の概念というよりは、精神看護の現場から出てきたコメディカルの考え方である。本来子供をケアする親の側がアルコール依存症であった場合、その親を子供がケアせざるをえない。親はケアする側の子供に依存しなければならないし、子供は親をケアすることによって自分自身を存立させる。これと同様に子供の側が親の顔色を忖度せざるをえない関係だった場合にも、共依存の関係が起こるとされる。

　日本語で「共依存」というと、「人間は1人では生きられないしお互いに助け合って生きているのだから」という印象を持つ人も少なくない。字面を眺めればそう解釈できそうだが、これを甘くみることなかれ。「共依存」の核心は「支配関係」なのである。

　たとえば、犯罪を犯した子供の気持ちを理解しようと、親（主に母親だが、時に父親が行うこともある）は何でもかんでも話を引き出そうとする。出所後の子供を心配するあまり、同居して再犯しないように見張ろうとする。出所後の仕事を先回りして決めてしまう。これらは一見すると「献身的な母親の、愛に溢れた行動」に見えるだろう。しかし、こうした行動が、実は再犯を加速しかねない。だからこそ私たちNPO法人World Open Heartのスタッフは警戒するのである。

　こうした行為は当事者の判断と決定を奪っている。つまり、自由を奪うことで「支配」する。「支配」された当事者は息苦しさのあまり、また同様の犯罪に走りかねないのだ。当事者は犯罪を犯すことで「支配」に抵抗しているのだが、「献身的な母親」はこのようなケアを通じて「支配」をしてしまう。それは「善意のケア」で

あり「支配」であるという認識がない。だからこそ、こうした共依存関係は終わりなきループに陥る。

英国の社会学者、アンソニー・ギデンズ（Anthony Giddens）は共依存関係にある人物を「いくら当人がその関係性を嫌悪し、そのなかで不幸な状態にあったとしても、心理的に別れることのできないようなパートナー」と説明する。[1] 母親は「息子のためを思って渋々」ケアを行い、当事者は「母親の愛情だから渋々」受け入れる。だが結果として、「愛と言う名の支配」が延々と終わらないだけの関係になってしまう。

性犯罪加害者家族のなかでは、加害者本人を「服従」しようとする人間関係がしばしば起きる。たとえば、息子を立派に育てようとするあまり、そのアプローチが高圧的で権威主義的であった場合、それに耐えかねた息子の側が逸脱行動を起こしやすい傾向にある。とくに自身の「男性性（ジェンダー・アイデンティティといってもいいだろう）」が傷ついた場合、性犯罪につながる傾向にあるようだ。それはまるで、母親に復讐しているかのようである。

女性に向かった暴力は、本来母親に向かうべきだった「怒り」だったのかもしれない。男としての「俺」をスポイルしたという怒りが、まったくもって罪のない女性に向かう。それはもしかしたら「スポイルされたからこそ母親に向かわなかった」怒りだったのだろうか。

相談者の多くは女性、母親と配偶者である。父親を見るときは、たいてい母親と一緒だ。

母親たちは息子の行為に焦り、怒り、悲しみ、時に涙を流しながらも賢明にその後始末をしようとする。そして、「真面目」であ

1　Giddens, Anthony, 1991, Modernity and Self-Identity Self and Society in the Late Modern Age, Cambridge: Polity Press（アンソニー・ギデンズ〔秋吉美都・安藤太郎・筒井淳也訳〕『モダニティと自己アイデンティティ——後期近代における自己と社会』〔ハーベスト社、2005年〕104頁）。

り道徳的である。「かならず息子を立ち直らせる」という献身ぶりが目につくが、その献身ぶりに不安を抱くことも少なくない。「真面目である」ことに加え、あらゆることを自分で引き受けてしまう傾向がある。責任感が強いといえるがその反面、「（家族内で）役割分担ができない」のではないかと感じてしまう。それゆえ、緊急時にも父親の出番が少なくなってしまうのだろうか？　何でもかんでもこなしてしまう、「スーパーママ」タイプが少なくない。

　団体設立して間もない頃、実績もなく、スタッフは30歳そこそこで、スーパーママタイプの相談者に圧倒されることもあった。弁護士や精神科医などの「専門家」のアドバイスには耳を傾けるが、私たち「支援者」の話を聞こうとする姿勢はまったく見えないのだ。こうした対応に傷つくこともあった。気になったのは、「権威に弱い」という点だ。社会学ではこうしたパーソナリティを「権威主義的パーソナリティ」と呼ぶ。「権威のある者には服従し同調するが、弱い者には力をもってして服従を要求する」という性格を指す。

　そう、息子たちは母親のこうした態度で傷つく。どこに傷がつくかといえば、自分の「男らしさ」にである。

　母親が息子を立派に育てようとするあまり、その息子の世界に口を挟む。まるで息子に取り憑くように口を出し、一挙一動に介入し、判断を奪う。それを力尽くでやってしまう。そして、「男らしくあれ」「立派になれ」と強く教育する。でも、息子たちはこれ以上に苦しいことはない。しつけや教育だと思って息子に行っていることが、結果として「母親への服従」を要求してしまっていることが少なくないからだ。

　自身がお腹を痛めて産んだ子である。立派に育てたいのは当然の感情だろう。しかし、産んだのは「子供」ではない。一人の人間なのだ。高圧的に教育され、服従を求められたら逃げたくなるの

は当然である。

　息子思いの「良妻賢母」である一方で、「自身の理想の男性像」を押しつけてしまってはいないだろうか。逃げ場を失った息子たちは、みずからの男らしさを確認するように性的逸脱に走ってしまう。そして最悪の場合、それは犯罪という結末を迎える……。

遠藤真之介

あとがき――性犯罪者を生む社会

　毎朝、すし詰め状態の満員電車に揺られ、会社では思うように出世できず、毎月の給料も十分ではない。思い描いた夫婦生活も長くは続かず、子どもが生まれてから家計は火の車。少し触るくらいなら気がつかれないだろう……。日常の隙間に生まれたちょっとしたスリルに、いつの間にか夢中になっていた……。

　加害者からよく語られる話だ。日常のストレスや欲望のはけ口として性犯罪が生まれている側面は否定できないが、筆者の経験から考えると、性犯罪の根底には何らかの「差別」が存在していた。「差別」とは、個人の否定である。自分らしく生きることが否定され、性別や社会的立場に身も心もがんじがらめにされる。抑圧された個性が爆発して犯行を引き起こし、欲望を満たすのに都合のいい弱者が犠牲になっていた。欲望とは性欲ではなく支配欲である。それは、加害者自身が抑圧されていた劣等感から生じている。
　男性らしくあらねばならない、収入が妻より低いなんて男として許されない、性的関心を向けられない女性は不幸だから少しくらい触ってもいい……。たしかに身勝手ではあるが、社会の歪みを反映しているとも思える言葉が多々出てくるのである。自分を見つめることなく、あるべき姿に囚われる限り、劣等感が満たされることはないだろう。
　加害者家族もまた、家族としての役割に囚われていた。妻は、夫を性的に満足させる義務など負っていない。性生活を充実させるためには、２人の努力が必要なはずである。しかし、多くの加害者の妻は、夫に対する怒りよりも妻としての罪責感に苦しめられていた。
　「和を以て貴しとなす」社会が調和を維持してきた半面、和の暴力

として、集団にそぐわない個人は排除される。社会の中でも家庭の中でも、調和を乱さないように、ありのままより、あるべき姿を求められる。本来、人は1人ひとり違う人間であるのだから、同調圧力に耐えられなくなる時期が訪れるだろう。

　あるべき姿に囚われずに生きていくことができるような社会になれば、生きづらさは緩和され、歪んだ心が生む犯罪も少なくなるはずである。犯罪の予防の観点からも、犯罪が起きた後の支援においても、要となるべきことは「個人の尊重」である。

　尊厳ある存在としてすべての人が大切にされる社会であれば、人は罪を犯す必要はなく、犯罪によって傷つく人も巻き込まれる人もいなくなるだろう。

　日々、目の前の相談者の回復に尽くしながらも、目指すべき社会の姿を見失わずにいたい。

　本書は、2016年トヨタ財団国際助成プログラムによる研究成果の一部である。日本における加害者家族支援の理論と実践が、東アジアに展開されていくことを意識したものである。

　最後に、現代人文社の齋藤拓哉さんを始め、編集に関わってくださった皆様に心より感謝を申し上げます。

　　　　　　　　　　　　　　　　　　　　　　　　阿部恭子

———————————————————————————————— 編著者略歴

阿部恭子
（あべ・きょうこ／第1部第2章・第2部第1章・第3部1～4章・コラム）
NPO法人World Open Heart理事長。東北大学大学院法学研究科博士課程前期修了（法学修士）。2008年大学院在籍中に、社会的差別と自殺の調査・研究を目的とした任意団体World Open Heartを設立（2011年にNPO法人格取得）。宮城県仙台市を拠点として、全国で初めて犯罪加害者家族を対象とした各種相談業務や同行支援等の直接的支援と啓蒙活動を開始、全国の加害者家族からの相談に対応している。著書『悲嘆の中にある人に心を寄せて——人は悲しみとどう向かい合っていくのか』（分担執筆、ぎょうせい、2014年）、『加害者家族支援の理論と実践——家族の回復と加害者の更生に向けて』（編著、現代人文社、2015年）、『交通事故加害者家族の現状と支援——過失犯の家族へのアプローチ』（現代人文社、2016年）。

———————————————————————————————— 執筆者・監修者略歴（五十音順）

相澤雅彦
（あいざわ・まさひこ／第4部第1章）
臨床心理士。ソリューションフォーカスト・アプローチを中心に個別および集団心理療法や不適応行動の改善プログラムに取り組んでいる。刑事施設内処遇カウンセラー、公立学校スクールカウンセラー、大学学生相談カウンセラーとして活動している。著作『加害者家族支援の理論と実践——家族の回復と加害者の更生に向けて』（分担執筆、現代人文社、2015年）。

遠藤真之介
（えんどう・しんのすけ／コラム）
NPO法人World Open Heart副代表。文教大学国際学部卒業。団体設立時より加害者家族会のファシリテーターを担当、仙台および東京の加害者家族の会の運営を担う。

北茉莉
（きた・まり／第2部第2章）
東京都大田区出身。ハワイ大学マノア校社会学部博士後期課程在学中。犯罪学専攻。専門分野は比較犯罪学、フェミニスト犯罪学。主な研究テーマは日本とアメリカの加害者・受刑者家族、女性と犯罪、死刑、メディアと犯罪。

草場裕之
(くさば・ひろゆき／第3部第2～4章〔監修〕)
弁護士、仙台弁護士会所属。東北大学法学部卒業。日弁連子どもの権利委員会副委員長、仙台弁護士会刑事弁護委員会委員長等を務める。その他、NPO法人仙台ダルクグループ理事、東北・HIV訴訟を支援する会事務局長、東北薬害肝炎訴訟を支援する会事務局長。監修『加害者家族支援の理論と実践——家族の回復と加害者の更生に向けて』(現代人文社、2015年)、『交通事故加害者家族の現状と支援——過失犯の家族へのアプローチ』(現代人文社、2016年)。

駒場優子
(こまば・ゆうこ／第4部第2章)
臨床心理士、保育士。専門は、発達心理学、短期・家族療法、グループ療法。公立小中学校スクールカウンセラー、保育園発達相談員、刑事施設内処遇カウンセラーとして勤務。『脱学習のブリーフセラピー』(金子書房、2004年)、『ブリーフセラピーの登竜門』(アルテ、2005年)、『小学校スクールカウンセリング入門』(金子書房、2008年)、『加害者家族支援の理論と実践——家族の回復と加害者の更生に向けて』(現代人文社、2015年)等、いずれも分担執筆。

宿谷晃弘
(しゅくや・あきひろ／第1部第1章)
東京学芸大学人文社会科学系法学政治学分野准教授。専門は修復的正義・修復的司法、刑罰思想史。著書に、『修復的正義序論』(共著、成文堂、2010年)、『人権序論』(成文堂、2011年)、『加害者家族支援の理論と実践——家族の回復と加害者の更生に向けて』(分担執筆、現代人文社、2015年) などがある。

鈴木絢子
(すずき・あやこ／第3部第1章)
弁護士、2011年弁護士登録、仙台弁護士会所属。千葉県出身。弁護士法人やまびこ基金法律事務所を経て、2015年に宮城県遠田郡にあじさい法律事務所を開設。日弁連人権擁護委員会委員。ブラック企業対策仙台弁護団所属。

性犯罪加害者家族のケアと人権
尊厳の回復と個人の幸福を目指して

2017年10月5日　第1版第1刷発行

編　著　阿部　恭子
発行人　成澤　壽信
編集人　齋藤　拓哉
発行所　株式会社　現代人文社
　　　　〒160-0004　東京都新宿区四谷2-10八ッ橋ビル7階
　　　　振替　00130-3-52366
　　　　電話　03-5379-0307（代表）
　　　　FAX　03-5379-5388
　　　　E-Mail　henshu@genjin.jp（代表）／hanbai@genjin.jp（販売）
　　　　Web　http://www.genjin.jp
発売所　株式会社　大学図書
印刷所　シナノ書籍印刷　株式会社
装　丁　Nakaguro Graph（黒瀬　章夫）

検印省略　PRINTED IN JAPAN　ISBN 978-4-87798-679-7　C2032
©2017　ABE Kyoko

本書の一部あるいは全部を無断で複写・転載・転訳載などをすること、または磁気媒体等に入力することは、法律で認められた場合を除き、著作者および出版者の権利の侵害となりますので、これらの行為をする場合には、あらかじめ小社また編集者宛に承諾を求めてください。